北欧の選択

スウェーデン、フィンランド、デンマーク、
ノルウェーとオーストラリアの政策分析

アンドルー・スコット 著

木場 隆夫 訳

NORTHERN LIGHTS

ANDREW SCOTT

風詠社

Northern Lights
by
Andrew Scott

©Copyright 2014 Andrew Scott
All right reserved.
First published in Australia by Monash University Publishing. Clayton, Victoria, Australia

Cover photograph: Fredrik Broms
Design: Les Thomas

目　次

本書の通貨の為替レート・地図 ……………………………………………… 4

イントロダクション ………………………………………………………… 6

第1章　これまでの北欧諸国への政策的関心 ……………………………… 26

第2章　子供の貧困を減らし、子供のウェルビーイングを
　　　　増進するスウェーデンの主導的役割 ……………………………… 60

第3章　1990年代からのフィンランドの学校の大成功 ………………… 90

第4章　安定したスキルアップ——デンマークの雇用の保障と
　　　　柔軟性を両立させる職業訓練への投資 ………………………… 118

第5章　公共財のために——ノルウェーの天然資源の富への
　　　　包括課税と規制 ………………………………………………… 146

結　論 ……………………………………………………………………… 167

訳者あとがき ……………………………………………………………… 175

参考1： 通貨の表記と為替レート

この本のドルの表記はオーストラリア・ドルが単位である。外貨の換算についてはオーストラリアの 2014-2015 会計年度の初日（2014 年 7 月 1 日）のレートによる。

日本語訳のため本書でとりあげられた通貨と日本円の当時の換算レートを記す（訳注）。

1 オーストラリア・ドル ＝ 95.54 円

1 スウェーデン・クローナ ＝ 14.54 円

1 デンマーク・クローネ ＝ 17.77 円

1 ノルウェー・クローネ ＝ 15.95 円

参考2：オーストラリア連邦政府の政権（1971 年以降） （訳者 作成）

時　期	政権党	首　相
1971 年 3 月〜 1972 年 12 月	オーストラリア自由党（以下、自由党）などの保守連合	マクマホン
1972 年 12 月〜 1975 年 11 月	オーストラリア労働党（以下、労働党）	ホイットラム
1975 年 11 月〜 1983 年 3 月	自由党などの保守連合	フレーザー
1983 年 3 月〜 1991 年 12 月	労働党	ホーク
1991 年 12 月〜 1996 年 3 月	労働党	キーティング
1996 年 3 月〜 2007 年 12 月	自由党などの保守連合	ハワード
2007 年 12 月〜 2010 年 6 月	労働党	ラッド
2010 年 6 月〜 2013 年 6 月	労働党	ギラード
2013 年 6 月〜 2013 年 9 月	労働党	ラッド
2013 年 9 月〜 2015 年 9 月	自由党などの保守連合	アボット
2015 年 9 月〜 2018 年 8 月	自由党などの保守連合	ターンブル
2018 年 8 月〜 2022 年 5 月	自由党などの保守連合	モリソン
2022 年 5 月〜	労働党	アルバニージー

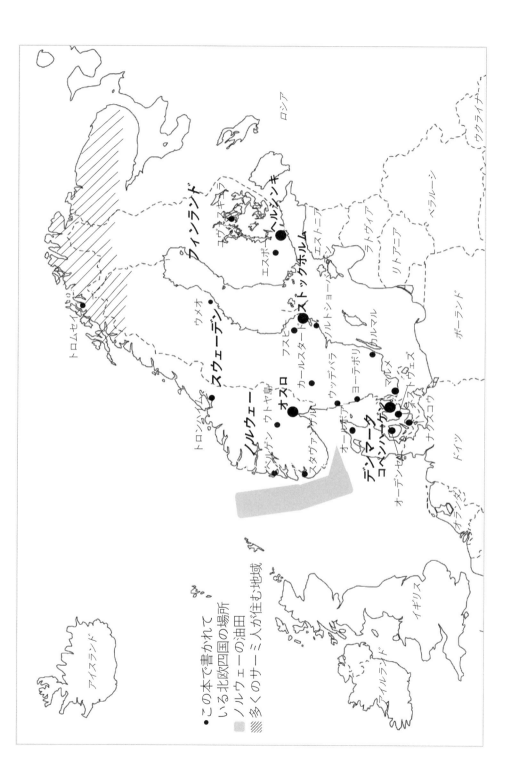

イントロダクション

　不平等の拡大を懸念する英語圏の国々の人々は、経済的繁栄と社会的平等を組み合わせた政策アプローチを提供するものとして、スウェーデンとその近隣諸国に頻繁に目を向けている。その関心は、1930 年代のイギリスのフェビアンやアメリカの著名なジャーナリストから、1980 年代のオーストラリアの労働組合員やカナダの政治学者まで多岐にわたった。

　最近の数十年間で、北欧諸国の包括的な福祉の提供が後退しているという印象と、より小さな国民国家の政策オプションが「グローバリゼーション」によって減少したという印象のために、そのような称賛は下火になった。

　1980 年代にオーストラリアでは労働組合でも議論を開始し、たとえばスウェーデンの完全雇用と賃金連帯の達成に焦点を当てていたが、1990 年代初頭の国際経済の後退の後、消え去った。それは「スウェーデンのモデル」全体が崩壊したという不正確な認識のためであった。スウェーデンや他の北欧諸国の継続的な明らかな成果に対する政策的関心は、以前とは多少異なる仕方であるが、それ以来オーストラリアで徐々に再浮上している。今回の関心は、社会政策活動家や学者や教育者からであり、組合員や労使関係学者からはそれほど多くはなかった。彼らは特にジェンダー平等を支持し、実質的な福祉を提供し、子供たちの権利とニーズを保護し、公正かつ包括的な方法で学校の優秀さを達成するという北欧諸国の成功に魅了されてきた。

　「スカンジナビア」という用語にはスウェーデン、ノルウェー、デンマークが含まれ、「北欧」という用語にはこれらの国とフィンランドが含まれる。この本は、スカンジナビアとフィンランド、または北欧の国々が、経済的に成功し、社会的に公正で、環境に責任のある政策が成功できるという重要な生きた証拠を提供し続けるという信念で書かれて

いる。これに対する私自身の信念は強まり、それを表現することへの私の興味は数年にわたる研究に耐えてきた。

一つには、ある事例に異なる政策が取り入れられているとき、それらのポリシーが実際に機能していることを示せれば、単に抽象的な原理だけから政策が議論される場合よりも強力に示すことができるためである。

北欧の4つの主要国であるスウェーデン、フィンランド、デンマーク、ノルウェーの合計人口は約2,500万人で、オーストラリアの約2,300万人に相当する。（アイスランドはもう一つ、つまり5番目の北欧諸国である。人口は約32万人と非常に少なく、この研究には含まれない。）

北欧の主要4カ国は、世界で最も経済的に繁栄し革新的な国の一つであると一貫して評価されている。[1] また所得分配の観点からも、依然として最も公平な国として評価されている。北欧諸国では、他のどこよりも認識できるほど社会民主主義であり続ける政策によって維持されている、経済的および社会的成果の強力な証拠が残っている。

「グローバリゼーション」という流行語をよく耳にするが、実際には異なる方法で、そして最も成功している地球の部分については十分に耳にしない。真に「グローバリゼーション」に取り組むということは、狭い英語圏の世界を超えて見ることを意味する。

たとえば、オーストラリアが米国との不平等の程度を比較し続け、その文化史を英国よりも階層的ではないと無頓着に思い出し、それによってオーストラリアがうまくいっていると結論付けた場合、これは単なるアングロの「グローバリゼーション」である。視野を広げ、スウェーデン、フィンランド、デンマーク、ノルウェーなどの国々の成果を、学ぶべき公共政策の例として検討することが今や不可欠である。英語圏の国々は、北欧諸国が非常に異なる経済的および社会的政策を追求し、達成したことを綿密に研究することで、大きな恩恵を受けられる。

情報に通じたアナリストは、英語圏の「リベラルな市場」経済は、特に不平等に取り組むために、北欧諸国の成功から実際に学び、借りてこ

---

1 e.g. World Economic Forum, *The Global Competitiveness Report 2013-2014*, World Economic Forum, Geneva, 2013, p.16.

られることがたくさんあるのを示している。[2] 北欧諸国が経済的平等を
重視していることは、他のほとんどの英語圏の国の住民よりもオースト
ラリア人にアピールする可能性が高い。これは、オーストラリアが伝統
的に米国、英国、カナダよりも強力な労働組合運動と労働党、そして公
正で平等主義的な国家であるという強い精神を持っていたためである。

　オーストラリアの労働組合への加入率はここ数十年で急激に低下して
いる。これは、北欧のすべての国で労働組合の組合員であり続ける労働
者が明らかに大多数であることをはるかに下回っているが、元中道右派
首相のジョン・ハワードは2007年の選挙での敗北で、オーストラリア
国民はオーストラリアの公正の基盤と見なされている労使関係保護のさ
らなる解体を受け入れないことを知った。

　その結果、2013年以来の現在の中道右派オーストラリア首相である
トニー・アボットは、選挙での成功の前提条件として、労使関係につい
て同じような政策変更を試みないことを厳粛に誓わなければならなかっ
た。

　北欧の4つの主要国は、オーストラリア、英国、ニュージーランド、
カナダよりもはるかに平等であり、上位10％の人々の可処分所得を下
位10％の人々の可処分所得と比較すると、米国よりも2倍くらい平等
である。スウェーデン、フィンランド、デンマーク、ノルウェーの所得
者のうち最高位の10％層の者は、平均して最低位の10％層の3倍の収
入を得ている。

　カナダとニュージーランドでは、所得の最上位10％の者が得る金額
は、同じく最下位10％が得る金額の4倍以上を取得し、オーストラリ
アと英国では、上位10％が同じく下位10％の4.5倍になる。米国では
所得者の上位10％は、所得者の下位10％のほぼ6倍の収入を得ている。
北欧諸国は、不平等の拡大に向けた過去数十年にわたる世界的な傾向か
ら免れてはいない。それにもかかわらず、すべての北欧諸国では、所得

2　e.g, Jonas Pontusson, 'Once Again a Model: Nordic Social Democracy in a Globalized World'
in James Cronin, George Ross and James Shoch (eds.), *Whats, Left of the Left: Democrats and
Social Democrats in Challenging Times*, Duke University Press, Durham, North Carolina, 2011,
pp.89-115.

の不平等は英語圏の国よりも劇的に低いままである。[3]

　福祉の世界的権威であるフランシス・G.キャッスルズは、1990年代以降のオーストラリア政府による労使関係の変化が、かつてオーストラリアの独特の福祉国家を支えていた比較的平等主義的な労働力の取り決めを徹底的に侵食したと指摘している。彼は結果として、前向きな未来はヨーロッパの一部で続いている方針に沿ってオーストラリアの福祉機関を再設計する試みを必要とするかもしれないと示唆した。[4]

　2004年以降、労使関係の保護をさらに解体しようとするハワード政府の試みは、2007年からケビン・ラッドとジュリア・ギラードを首相交代させる労働党政府によって部分的に覆された。しかし、オーストラリアの労働力の仕組みは、1980年代以前のより平等主義的な時代よりも規制が緩いままであるため、キャッスルズの主張は正しい。

　2007年から2013年までのオーストラリア労働党（ALP）政府は、いくつかの前向きな政策成果をあげた。これは労働党が1996年から11年間政権を離れた後、2007年に政権に復帰したときに予想されたよりは長く統治してきたが、それは慢性的なリーダーシップの不統一と首相交代にもかかわらずのことだった。最も注目すべきは、労働党政権下のオーストラリアは、2008年から2009年の「世界金融危機」（GFC）後、ほとんどの国よりも穏やかに国際的な景気後退を経験したことである。失業率は公式には6%を下回っており、オーストラリアは他のほぼすべてのOECD諸国とは異なり、テクニカルな景気後退を経験していない。その後、労働党政府は赤字に陥ることに準備して、公債の数十億ドルを、適時に的を絞った方法で費やしたことで、オーストラリアは景気後退を回避することができた。

　個人や世帯への現金支払いから始まり、学校のインフラストラクチャーを含む「国造り」プロジェクトへの支出に移行する政府の広範か

3　Figures computed from Organisation for Economic Co-operation and Development (OECD), *Divided We Stand Why Inequality Keeps Rising*, OECD, Paris, 2011, Table A1.1 and see also p.25 of that publication.

4　Francis G. Castles, 'Australia's Institutions and Australia's Welfare' in Geoffrey Brennan and Francis G. Castles (eds.), *Australia Reshaped: 200 Years of Institutional Transformation*, Cambridge University Press, Melbourne, 2002, p.49.

つ効果的な刺激策は、低金利とともに、オーストラリア経済を保護し、表立った不況を食い止めるのに役立った。

しかしオーストラリア労働党は、予算をすぐに黒字に戻すことを強いられたと感じた。それは必然的に自身の選挙区の多くの支援を必要とする人達にとって苦痛を意味するし、また市場自由主義経済学者でさえもあまりその措置を必要と考えなかったのである。

高等教育や研究開発を含め、労働党が行った結果としての歳出削減は、以前の前向きなイニシアチブを深刻に損なうものだった。また、削減は実際に予算を黒字に戻すことに成功しなかった。これは、政府が資源超過利潤税を忍耐強く維持することに失敗し、十分な収入を確保するために他の公平な措置を講じなかったことによる大きな歳入不足のためだった。

気候変動に対する政策行動を定着させなかったことは、労働党政府の最大の失敗であった。その失敗は、2010年初頭にオーストラリア議会の上院での行き詰まりを、新しく選挙を行うことによって解消しようとしない当時のラッド首相の決定に端を発している。もし彼がそうしていたら、これはオーストラリアによる決定的な行動が、気候変動に取り組む国際的な努力に貢献したであろう。

「世界金融危機」とその後の大西洋の両側にある多くの北半球諸国の継続的な経済停滞以来、ユーロ通貨圏の南ヨーロッパ諸国が直面している深刻な問題もあった。これは、まるでヨーロッパが単一の実体であるかのように、経済危機にある「ヨーロッパ」全体についての非常に緩く一般化された話につながった。

それでも、英国や米国とは対照的に、「世界金融危機」から先進国の再出発を強力に導いたのは、欧州大陸北部のドイツだった。ドイツが主導的な役割を果たしているのは、依然としてしっかりとした製造業を含み、リスクの高い金融投機に過度に依存していない、高度なスキル、協調的で多様性のある経済の結果としてドイツが持ち続けている強みである。[5]

5　Julian Coman, 'How Did Germany Become the New Champion of Europe?', *The Observer*, London, 2 June 2013.

イントロダクション

スウェーデン、フィンランド、デンマークはすべて、他の国と比較して、研究開発、情報通信技術、および設計に非常に多額の投資を行うなど、輸出志向型の高付加価値な製造業をサポートすることに強みを持っている。この投資は彼らが世界金融危機からうまく回復するのを助けた。スウェーデンはまた、対人とコミュニティでのサービスで多くの仕事を回している。ノーベル賞を受賞したエコノミストのポール・クルーグマンは、ヨーロッパでは実際、次のように指摘している。

　　危機に瀕している国々は、うまくいっている国々よりも大きな福祉国家を持っていない。どちらかといえば、相関関係は逆になる。スウェーデンは、その高い利益で有名であり、GDP（国内総生産）が危機前よりも高くなっている数少ない国の一つであるスターのようなパフォーマーである。一方、危機以前に「社会的支出」（国家の福祉への支出国家プログラム）が、国民所得に占めるパーセンテージとして、スウェーデンは言うまでもなくドイツよりも低かった国ではすべての国で問題を抱えている。
　　…ユーロ（ゾーン/通貨）危機は、福祉国家の持続可能性については何も語っていない。[6]

　1990年代初頭の国際的な景気後退を含め、北欧諸国には挫折があったが、とりわけ2008年から2009年の世界金融危機では、普遍的な福祉の提供、完全雇用、平等などの価値観を維持し続けている。これらの価値観は、これらの国々がそれ以来、強力な全体的な経済的、社会的、環境的パフォーマンスを再開するのを妨げるのではなく、むしろ助けてきた。
　経済的繁栄と一致するように、平等と強力な福祉国家に対する北欧諸国での広範な公的支援が引き続き存在する。これらの特徴的な国々の回復力は、「グローバリゼーション」が国民国家のすべての政策オプションを排除しているという主張に反論する。

6　*New York Times*, 10 November 2011. My emphasis.

所得格差の広がりが少ない主な理由の一つは、北欧諸国が引き続き主要な公的社会的投資に従事していることである。[7]　北欧諸国はまた、気候変動に対応して温室効果ガス排出量を大幅に削減する動きを主導している。

　彼らは、1990年代の初めに炭素税政策を導入した世界で最初の国々だった。さらに、彼らは再生可能エネルギー技術を大いにサポートしている。オーストラリアや他の国々がこれらの分野での成功から学べることは多い。「自由市場経済」を備えた「アングロ・アメリカ」諸国と「協調市場経済」を備えた北欧大陸諸国との違いは、「資本主義の多様性」を分析する政治経済学者によって長い間強調されてきた。

　この分野の第一人者は、グローバリゼーションはすべての経済が英米の経済のようになるのが必然という意味ではないと説得力を持って主張している。彼らの調査によると、協調市場経済は自由市場経済よりも不平等が少なく、労働時間が短く、一貫して経済発展を遂げており、協調市場経済は段階的なイノベーションをサポートする可能性が高いことが示されている。[8]

　スウェーデン、ノルウェー、デンマークの失業率は、一般に米国、英国、オーストラリア、カナダよりも低くなっている。[9]　1970年から2000年にかけて、総労働力に対する失業者の割合は平均してすべての英語圏の国よりも、スウェーデンとノルウェーの方が低かった。

　ノルウェーの失業率は2000年以降、毎年オーストラリアよりも低くなっている。デンマークの失業率は、1991年から2008年までの18年間のうちオーストラリアよりも高かったのは1年だけだった。[10]　一方、英国の研究者リチャード・ウィルキンソンとケイト・ピケットによって

7　Nathalie Morel, Bruno Palier and Joakim Palme's concluding chapter in their edited collection: *Towards a Social Investment Welfare State? Ideas, Policies and Challenges*, Policy Press, Bristol, 2012, pp.356-359.

8　Peter A. Hall and David Soskice, 'Introduction' in Bob Hancké (ed.), *Debating Varieties of Capitalism: A Reader*, Oxford University Press, Oxford, 2009, pp. 37,54.

9　Rodney Tiffen and Ross Gittins, *How Australia Compares, Second Edition*, Cambridge University Press, Melbourne, 2009, Table 4.8.

10　OECD, *OECD Historical Statistics 1970-2000*, OECD, Paris, 2001, Table 2.14; OECD, OECD Employment Outlook 2013, OECD, Paris, 2013, Statistical Annex, Table A.

イントロダクション

2009 年に最初に出版された画期的な本『スピリット・レベル――なぜ平等がすべての人にとってより良いか』は、北欧諸国で達成された種類のより大きな社会経済的平等が、社会のすべてのメンバーのより良い健康成果を促進することを強力に示している。[11]

首都ヘルシンキに次ぐフィンランドで 2 番目に大きな都市であるエスポーに本社を置くノキア社は、1990 年代後半から 2012 年にかけて、世界で最も著名な携帯電話メーカーの一つになった。

特にその洗練されたハードウェア設計によって際立っていた。ノキアの携帯電話は、新しいソフトウェアアプリケーションまたは「アプリ」に対してより大きな影響力を持っているアップル iPhone などの競合他社によって今や凌駕されている。それにもかかわらず、ノキアの台頭は、このような小さな国でも注目に値する技術革新を成し遂げたフィンランドの成功を世界に知らしめたのである。[12]

文化的グローバリゼーションの一環として、デンマークから巨大な視聴者数を抱える英語圏の国々への質の高い政治および犯罪テレビドラマが伝わったことは、2000 年代初頭以来、多くの人々にデンマークの社会、文化および政治プロセスに関する新しい知識をもたらした。

スカンジナビア諸国からの犯罪小説の人気の急上昇は、それらの国の複雑さのいくつかを世界に明らかにした。オーストラリアの道路に多くのスウェーデン製スカニアトラック（およびボルボのバスと車）が目に見える形で存在し続けていることは、労働者の賃金に加わる必然的な下向きの圧力に、単に価格競争するのではなく、高品質の製品に基づいて製造業で国際的に競争する北欧のアプローチへの称賛を示している。

この産業アプローチによるスウェーデンへの報奨は、オーストラリアの資源ブームに過度に依存し続ける経済よりも持久性がある。資源ブームは旺盛な需要により、鉱物商品に支払われる価格が非常に高くなっているもので、必然的にその期間は有限である。

---

11 Richard Wilkinson and Kate Pickett, *The Spirit Level: Why Equality is Better for Everyone*, Penguin, London, revised paperback edition 2010.

12 On the circumstances and context of Nokia's rise, see Manuel Castells and Pekka Himanen, *The Information Society and the Welfare State: The Finnish Model*, Oxford University Press, Oxford, 2002.

オーストラリアの製造業は急激に減少しており、2013年5月から2014年2月にかけて、最初にフォード、次にゼネラルモーターズ（ホールデン）、そしてトヨタがオーストラリアでの自動車生産を数年以内に完全に停止するという決定を受けて、さらに急減するだろう。

実際に具体的なものを作る人がほとんどいない国になることと比較すれば、そのような基盤のない経済が過去に示した脆弱性を考えると、確かな製造基盤を維持することは長期的な強みなのである。

そのような基盤を維持していることによって、例えば、スウェーデンが過去四半世紀にわたってかなりの継続的な黒字を獲得するのを支えてきたが、一方、オーストラリアは巨額の赤字をコンスタントに出してきた。[13]

オーストラリアは最近の資源ブームで収益の恩恵を受け、のんびりやってきたが、それはオーストラリアが2008年から2009年の「世界金融危機」を他のほとんどの国よりも穏やかに経験した理由の一つだった。その資源ブームはオーストラリアが金融危機を乗り越えるのに役立ったかもしれないのだが、それにもかかわらずオーストラリアには深刻な問題が残っており、それは不十分な構造の不均衡な経済の結果であることがより明白になるだろう。

北欧諸国における強力な経済パフォーマンスと比較的平等な所得分配の継続的な組み合わせは、生活の多くの側面に大きくプラスの違いをもたらす。強い勤労精神と生産性への意識がそこにはある。同時に労働時間は、ワークライフバランスの合理的な範囲内にとどまる。

2010年、オーストラリアのフルタイム労働者は、フィンランドの労働者よりも平均して週に3時間以上長く、スウェーデンの労働者よりも週に3時間半以上長く、ノルウェーとデンマークの労働者よりも週に5時間以上長い。[14]

更新された年間数値によると、2012年の1人あたりの平均年間労働

13　Tiffen and Gittins, *How Australia Compares Second Edition*, Table 3.25; and OECD, *OECD Economic Outlook 2013*, OECD, Paris, 2013, Statistical Annex, Table 50.

14　Barbara Pocock, Natalie Skinner, and Philippa Williams, *Time Bomb: Work, Rest and Play in Australia Today*, New South Publishing, Sydney, 2012, pp. 45, 44.

時間は、ノルウェーで 1,420 時間、デンマークで 1,546 時間、スウェーデンで 1,621 時間、フィンランドで 1,672 時間だったが、オーストラリアでは 1,728 時間だった。[15]

2011 年の主要なイプソス・マッケイ定性調査レポート「ビーイング・オーストラリアン」の調査結果は、オーストラリアでの労働の激化と過度の労働時間について深刻な懸念を表明している。

この懸念は、次のような 1 人の参加者の声明に要約されている。

> オーストラリア人なので、私たちは 1 日 8 時間仕事で過ごし、家に帰って家族や子供たちと一緒に過ごすことを期待している。
>
> しかし大企業は店をより長く開いており、私たちはパートタイムかもしれないが、私たちの週に働く時間はもっと長く延びている。彼らはいつでも好きな時間に仕事を作ることができ、私たちはそれに合わせてライフスタイルを調整する必要があるからだ。だから週末全体はだめになってしまう。[16]

最新の技術の普及を含め、オーストラリア人の家庭生活に仕事上の要求が負の波及をもたらし、多くの同様の懸念が表明されている。オーストラリアや他の英語圏の国々での広範囲にわたる臨時の雇用に起因する不安についても懸念が表明されている。[17]

北欧諸国は労働時間をより規制することに加えて、労働環境にも注意を払っている。労働者が合理的な多様性とチームで働く機会を持っている前向きな環境は、従業員の士気、コミットメント、および成果を最大化する。ボルボやスカニアのような成功した北欧の企業は、革新的な職場の設計と高品質の管理に関連付けられており、これには労働者との適切な協議と労働者からのインプットが含まれる。北欧諸国はまた、労働者の参加権が正式な仕組みに組み込まれているという点で、英語圏の国よりも進んでいる。

15　*OECD Employment Outlook 2013*, Statistical Annex, Table K.

16　Reported in *The Age*, Melbourne, and *The Sydney Morning Herald*, 25 June 2011.

17　e.g, Pocock et al, *Time Bomb*, pp. 59, 76, 177-178.

オーストラリアが直面している特定の政策問題の議論では、具体的な証拠を引用して、その問題が一つ以上の北欧諸国でどれほどうまく取り組まれているかを説明する一つや二つの段落の文章にしばしば出くわす。

　そのような言及は通常、子供たちを貧困から救い出し、ジェンダーの平等と家族に優しい職場政策を促進し、平等主義の学校教育を達成し、人々のスキルに投資することについてのさまざまな北欧諸国の相対的な成功に関するものである。

　一例は、オーストラリアについての政策アイデアを建設的に提示した『幸運に向かって進め─オーストラリアの進歩のアイデア』というタイトルの優れた最近の出版物である。この本のさまざまな寄稿者は、うまく設計された公共サービス、比較的質の高い民間部門の管理、豊富な資源の有効活用、生産性を損なうことない労働時間の短縮、再生可能エネルギーの増加などを通じて気候変動に取り組むことなどでの北欧諸国の成功に言及している。[18]

　しかし、北欧の政策の成功についてのそのようなわずかな言及をより詳細に研究していくと、必然的に「これらの国から、オーストラリアという非常に異なる文化や制度の国に、プログラムを移植することは不可能である」という反対論が出てくる。北欧諸国の立場は文化的または歴史的に特別であるとして多くの人に退けられる。

　1930年代から1970年代にかけてスウェーデンで政治的に計画された実質的な福祉国家の構築、その後1970年代のフェミニズムと子供の権利の強力な政策的影響など、北欧の政策が最初に生まれた特定の歴史的文脈が良く認識されるべきなのは明らかである。

　歴史家のジェフ・エレイはヨーロッパの左翼にとって、「1930年代に統治したスカンジナビアの社会民主主義が、福祉国家の正統性が国の人口が拡大する時期に築かれた」ことがいかに独特であったか、そしてその時期の思想と影響がどのように「スウェーデンの国民的アイデンティティの社会保障の部分」を作ったかについて説明している。

18　Miriam Lyons with Adrian March and Ashley Hogan (eds.), *Pushing Our Luck: Ideas for Australian Progress*, Centre for Policy Development, Sydney, 2013, pp. 30, 92, 98n.18, 2, 86-87, 124, 128, 137 n. 32, 139, 145 and 154n. 31 and n. 32.

イントロダクション

　第二次世界大戦後、「スカンジナビアで最強であり続ける政党は…スウェーデン、ノルウェー、デンマークの社会主義者がリベラル民主主義に基づく構造改革、混合経済、労働組合のコーポラティズム、強力な福祉国家というプログラムで繰り返し選挙に勝利した」。さらに、北欧諸国のように「社会民主的コーポラティズムが最も強かった」場合、労働者階級へのダメージは、仕事、収入、利益、政治的代表、労働組合の組織、労働者階級コミュニティの社会的に組織された規模、労働とその文化および伝統に基づいた社会的価値に、含まれるかもしれない。そこでは、立て直し中であっても組織化された労働は、より良い資源と政治の場における自信を維持した。分配的正義、社会市民権、福祉国家に基づく修正された社会契約という…急進的な市場化に対する代替案の考え方は、北欧諸国においては1980年代の支配的な新自由主義にもかかわらずまだ機能していた。これは他の多くの国とは対照的であるが。[19]

　北欧諸国の成功の継続についてさらに反対する見方としては、一つには国の政策の方向性が「経路依存」するという考えに由来する。「経路依存性」を強調する人々は、数十年前に行われた一見マイナーな決定が、重要性が何倍にも増幅されてしまっていると考える。それはその決定が、その後一連のパターンとルーチンに祀られることによって、そのためそれらを変更したり、他の国でその後のことを考えるのが非常に難しいというのである。

　しかし、この考えは、オーストラリアが深刻な経済的不平等を特徴とする比較的市場自由主義的な経済政策の方向性を描くことを永遠に強いられることを意味するほどには推し進められるべきではない。オーストラリアは、スウェーデン、フィンランド、デンマーク、ノルウェーよりもはるかに高い子供の貧困率に苦しむ運命にはない。

　「経路依存性」の概念は、他の広く普及している概念とも矛盾している。今日の「グローバリゼーション」の潮流は、国民国家を差別化するために使用されたすべての機能を急速に侵食しているため、北欧などの個々の国は、もはや独自の過去の制度や慣行を維持できない。

19　Geoff Eley, *Forging Democracy: The History of the Left in Europe, 1850-2000*, Oxford University Press, New York, 2002, pp. 318, 314, 427, 451.

今日、私たちがより流動的でグローバル化された時代に生きるという命題をある程度受け入れるならば、私たちの政策選択は永遠に凍結され、追求された道と何十年も前に導入された制度によって運命づけられるという独断的な命題も受け入れることができない。

中道政治家、穏健派、社会的リベラリストは、それが難しすぎるように見えるため、北欧諸国の政策から学ぶことを避けがちである。彼らは、オーストラリアができる最善のことは、英語を話す国家の一員のしんがりにとどまるか、それらの進歩に擦り寄っていくこと、つまり、ほぼカナダのようになることだと考えている。

オーストラリアがカナダから学ぶことができるいくつかの政策の教訓は間違いない。オーストラリアがカナダから学ぶことができる教訓のいくつかは、カナダが特定の北欧諸国から学んだ教訓である（一つの例は第3章で言及する）。同時に、オーストラリアは北欧諸国から**直接多く**のことを学ぶことができる。

極左と目される他の人々は、北欧諸国で今追求されている政策アプローチから利益を得る何百万もの人々にとっては劇的に優れた現実世界の結果についても、それはまだまったく不足しているとみている。それは、彼らの側での行動を正当化する、抽象的、理論的かもしくは、非常に長期の歴史的観点からみている。

何かを変えることが可能になる前にすべてを変える必要があると主張し、オーストラリアでの前向きな変化の可能性に絶望し、より良い政策のために行動することも支援することもない言い訳を見つけることは簡単である。

しかし実際には、オーストラリアが北欧諸国で達成された特定の前向きな社会政策改革のいずれかを採用する前に、オーストラリアの政治文化全体を変える必要はない。世界中から利用可能なオプションに関する幅広い知識を利用した、着実で段階的な政策変更は、それ自体が国の政治文化を変えるのに役立つ。

多くの人々は、現在のオーストラリアと北欧諸国の状況の大きな違いに圧倒されていると感じている。彼らは、オーストラリアがこれらの国々の前向きな成果に向けてどのような段階的な措置を講じるかを明ら

イントロダクション

かにするのは難しいと思っている。

したがってこの本は、その方向で実行できるいくつかのステップを明らかにしようと努める。また、すでに実行されたステップをよく知られるようにする。

北欧諸国の所得の比較平等の継続的達成と包括的な福祉の提供を考慮に入れないことに関して、しばしばなされるもう一つの一般的な主張は、これらは単にそれらの国が英語圏の国よりも多文化的ではないことの結果に過ぎないということである。

北欧諸国はより民族的に均質であるため、より平等主義的であることが示唆されている。人々は、自分たちが支援するのは「自分達と似ている」人々だと知っているので、税金をもっと喜んで支払うのだろう。しかし、英語圏の国々の「多文化主義」は、特にアメリカでは、それ自体がかなりの不平等と、低賃金の仕事での細分化を含む多数の移民の搾取に関連している。さらにそれは、英国によって植民地化された国々の先住民やアフリカ系アメリカ人の人々の公正な扱いのようなものを意味することは決してなかった。

反アパルトヘイトキャンペーンへの指導的な参加を含む北欧諸国の強力な反人種差別の記録、およびオーストラリアと他のほぼすべての英語圏の国々の哀れなほど低い努力をはるかに超えるレベルでの世界の貧しい国への質の高い寛大な寄付は、彼らの平等主義と寛大さが、彼らが民族として比較的均質性が高いことに関連しているという主張に反している。[20]

北欧の主要4カ国のうち3カ国は、オーストラリアよりも庇護希望者の受け入れ率が大幅に高く、スウェーデンとノルウェーの受け入れ率はオーストラリアの2倍である。[21] 北欧諸国では、数十年にわたって移民と多文化主義も増加している。たとえば、スウェーデン国外で生まれた人々は、現在、スウェーデンの人口の150万人以上、つまり16％近くを占めている。[22]

20　Tiffen and Gittins, *How Australia Compares, Second Edition*, Table 9.4

21　Ibid., Table 1.24.

22　Computed from data for 2013 on the Statistics Sweden website.

北欧諸国における移民とその子供たちの割合は増加しており、今後も増加し続けるだろう。これらの国々で、以前よりも多文化的になるのと同じくらい社会民主主義が強力になるかどうかは、確かに有効な質問である。北欧諸国の移民は、スウェーデン南部のマルメ市のような特定の中心部、特に都市内の郊外に多数が集中している。

　それらの郊外の一つであるストックホルム北部のハスビーは、2013年5月に、移民の多い都市や英国の郊外ではるかに頻繁に発生した紛争と同様に、人種的マイノリティグループと警察の間の紛争を経験した。北欧諸国の移民はほとんどの先進国と同様に、地元生まれの人々よりもチャンスが少ない。

　入手可能な比較データは、北欧諸国の移民の雇用率がオーストラリアや他の英語圏の国の移民よりも大幅に低いことを示している。[23] スウェーデンは、移民のより成功した「統合」への大きな課題に立ち向かう一環として、移民の雇用創出のより効果的な戦略を必要としている。

　マルメの持続可能な社会のための委員会の作業と勧告は、スウェーデンがこれを行っているという前向きな兆候を示している。北欧の福祉国家が移民や少数民族に提供するものにはいくつかの制限があった。これらの例は、たとえば、2008年の選挙後にスウェーデンのラインフェルト中道右派政府によって下された新自由主義政策決定の結果だった。しかし、多文化主義の高まりが北欧諸国の実質的な福祉提供を弱体化させたという証拠はほとんどない。[24] 2011年7月22日、ノルウェーでアンネシュ・ブレイビクという人物がオスロの政府庁舎を爆破し8人が死亡した後、ノルウェー労働党の69人の若者がウトヤ島のキャンプで射殺された。自分の行動を正当化するために外国人嫌いの極右の見解を標榜していた。

　しかし、圧倒的多数のノルウェー国民の反応は、ブレイビクの行動に

23　OECD, *A Profile of Immigrant Populations in the 21st Century: Data from OECD Countries*, OECD, Paris, 2008, Table 5.2.

24　Stephen Castles and Carl-Ulrik Schierup, 'Migration and Ethnic Minorities' in Francis G. Castles, Stephan Leibfried, Jane Lewis, Herbert Obinger and Christopher Pierson (eds.), *The Oxford Handbook of the Welfare State*, Oxford University Press, Oxford, paperback edition 2012, pp. 278-291.

反対し、彼のような人種差別的な憎悪が蔓延しないことを確認することだった。

1990年代後半以降、他のほとんどの経済先進国と同様に、北欧諸国では移民の増加と多文化主義に対して選挙で反発があった。2011年9月に社会民主党が率いる政府がデンマークに復帰し、ヘレ・トーニング-シュミットが国の最初の女性首相に就任したことで、10年間の自由保守主義が終わった。社会民主党主導の政府は、それに先立つ中道右派政府によって導入された移民と、庇護希望者に対する非常に敵対的な行動のいくつかを撤回した。デンマークの社会民主党は2011年の選挙に向かい、より良い学校や病院のための予算を支援するために銀行や富裕層への増税を約束した。また、福祉により多くを費やすことを約束した。

1980年代以降、中道左派政党の主流派による伝統的な経済政策からの乖離は、特にブルーカラーの有権者の間で、外国人排斥の極右派の「ポピュリスト」政党への支持の高まりなどで、彼らの投票支持の断片化に貢献してきた。

これらの傾向は、確立された右翼による移民や難民に敵対する政策の飲み込み、左翼の主流派の選挙上の不利益と関連している。中道左派の長年の主要政党（労働、社会民主主義、社会主義）への投票の減少は、多くの国でここ数十年に着実に起こっている。

しかし、しばしばこの退潮は中道左派全体としては選挙で継続的に過半数を取るか、それに近い状態で起き、それらの間の連携の形成につながった。経済政策の問題が有権者にとって再び中心的になるにつれて、労働党と社会民主党は彼らに支援が戻ることを期待することができる。

一方では労働党と社会民主党、他方では中道右派政党の間で、それらの質問への回答についての違いが明確化したときに、この支持は戻ってくるだろう。

スウェーデン社会民主労働者党は、その歴史の中で比類のない選挙、そして永続的な政策の成功を享受してきた。デンマークの社会民主党とノルウェー労働党はほぼ同じくらい成功している。フィンランドでは、社会民主党は選挙で成功していないが、特にここ数十年の教育政策にかなりの影響を及ぼしてきた。これらの政党は、黄金期以来、深刻な挫折

を経験してきた。これには、スウェーデン社会民主労働者党が 2006 年から 2014 年までの 2 期にわたって政権に就いていなかったことが含まれる。しかし、それでも、反対派はスウェーデン社会民主労働者党を打ち負かすために、多くの政策的根拠を認め、譲らなければならなかった。これは、中道左派の政党が明確なアイデアと目的を持って、先進国の政策条件をどのように設定できるかを示している。

アングロ・オーストラレーシアの労働党（すなわち英国、オーストラリア、ニュージーランドの労働党）よりも新自由主義傾向が少ないので、北欧の社会民主党の引き続く政策成果の詳細は、英語圏の世界の社会民主主義者が新たに研究する際に計り知れない価値がある。そのような研究は、それらの人々が現在目指せる政策目標を明らかにするのに役立つ。そして、これをアングロ・オーストラレーシアの労働党が達成に向けて再構築できるようになった。

社会民主労働者党以外の政党は、1932 年以来スウェーデンで 2 期を超えて続けて統治していない。スウェーデンの社会民主労働者党が敗北した 2006 年と 2010 年の選挙でさえ、有権者は福祉国家の根本的原理を否定していなかった。[25]

また、これらの選挙に参加したスウェーデンの人々は、英語圏に存在する規模の不平等に賛成票を投じることもなかった。北欧諸国の大多数の人々は明らかに、将来のために社会民主主義の政策成果を維持したいと望んでいる。

2014 年 9 月に再選された今、スウェーデン社会民主労働者党は、すべての北欧諸国の社会民主党や労働組合運動と同様にそれらを維持し、それらの成果を将来に適応させるために最も効果的に行動する方法を検討している。

彼らがとる方向性、また彼らが出発する位置はオーストラリアにとって非常に重要なのだ。

25　Stefan Svallfors, 'Public Attitudes' in Francis G. Castles et al (eds.), *The Oxford Handbook of the Welfare State*, pp. 241-251.

イントロダクション

この本の範囲と構造

本書は、歴史、社会政策、公衆衛生、教育、経済学など、学際的なものである。

本書は、原典のアーカイブ調査を含む、データの選択、提示、解釈、政策関係者との交流とインタビューなどのいくつかの手法を用いている。スカンジナビアの3つの主要国とフィンランドの政策成果から、オーストラリアや他の英語圏の国々が何を学ぶことができるかについての理解を付け加えることを目的としている。

第1章では、従来の外部からの北欧諸国への政策的関心を概観している。

ついで本書は、その後の章で、オーストラリアがスウェーデン、フィンランド、デンマーク、ノルウェーの実績から学べる重要な政策の教訓を示している。これらの章のそれぞれを北欧の4つの主要国の一つに焦点を当て、それぞれの特定の政策分野に焦点を当てている。それは、他の3つの北欧諸国で同じまたは似た政策が行われていないことを意味するものではない。

その代わりそのようにした意図は、各国の特定の政策の強さを説明することである。より多くの政策分野の追加も可能だろうが、そうした場合はるかに厚い本になってしまう。おそらく最も重要なことは、北欧諸国は子供の貧困をオーストラリアで広まっている割合の約半分という比類のない最低水準に押し下げたことで注目される。

この成果は、北欧諸国の高いレベルの男女平等、高い女性および一般的な労働力参加率、そして家族に優しい職場の仕組みの提供に関連している。これらの仕組みとしては、スウェーデンでは、16カ月の有給の育児休暇などがあり、そのうち最低2カ月は父親が取得する必要がある。**子供の貧困を減らし、子供の福利を増進する上でのスウェーデンの主導的な役割については、第2章で説明する。**

多くの人が、スカンジナビア式の社会民主主義の成功は、1990年代初頭のソビエト連邦の崩壊と東ヨーロッパの権威主義的支配の崩壊に続

く、旧共産主義国を導くのに適したものであると信じていた。実際には
そうではなく、自由市場ショック療法が旧ソビエト連邦と東ヨーロッパ
で適用された。その結果、資本主義への転換が意味する不平等の大幅な
拡大、安全と物的利益の喪失に対するこれらの国々の多くの人々からの
反発が生じた。それらの国の多くで民主主義を勝ち取り損なうスキャン
ダラスな失敗もあった。

　しかしながら、フィンランドは地域の明確な対照として際立っている。
フィンランドはロシアの直接の隣国だがスカンジナビア諸国はそうでは
なく、フィンランド語はスウェーデン語、デンマーク語、ノルウェー語
のスカンジナビア語とは大きく異なっている。フィンランドは、経済的
に絡み合っていたソビエト連邦の崩壊と、1990年代の世界的な景気後
退によって、深刻な悪影響を受けた。

　しかしその時から、フィンランドは前向きで社会民主主義のスカンジ
ナビア戦略を追求した。今日のウラジーミル・プーチンのロシアの不名
誉に至るアプローチではなかった。これは、情報技術革新におけるフィ
ンランドの成功に貢献した。したがって、フィンランドの経験は、国民
国家が政策の方向性を変える可能性について一般におおいに参考になる。

　フィンランドはまた、オーストラリアが学校の質の向上と学校間の平
等の向上の両方を達成するために現在直面している大きな課題に、どの
ように対処に努めるべきかについて特に有益である。これらの課題は、
オーストラリアの変革に向けて重要な勧告をしたゴンスキーレポートで
明らかにされたように、オーストラリアの公立学校への適切な資金提供
が長期にわたって失敗していることに起因している。

　フィンランドでも、職業教育は一般的な学問的学習よりも文化的に
劣っているとは見なされていなく、高い一般教育スキルが含まれる。
**1990年代から明確であるフィンランドの学校での驚くべき成功につ
いては、第3章で検証する。**

　北欧諸国の長年にわたる低レベルの失業の理由の一つは、失業した
人々に適切な支援と職業技能訓練を確保するという彼らの政策コミット
メントである。英語圏の国々は、失業者を支援するデンマークの包括的
で活性化された労働プログラムの特別な成功から学ぶことができる。デ

ンマークは雇用の安定を強調している。

これは仕事の保障、例えば一つの特定の仕事を保障することとは異なる。雇用保障には、古い仕事の変更によって影響を受ける成人のための適応と、新しい仕事への移行のための広範なスキルトレーニング支援が含まれる。**デンマークのスキル向上への取り組みと、セキュリティと雇用の保障と柔軟性を組み合わせる取り組み（「フレキシキュリティ」と呼ばれることもある）については、第４章で説明する。**

北欧の４大国のうち３つ（スウェーデン、フィンランド、デンマーク）では、製造業が経済の大きなシェアを占めている。対照的にノルウェーの経済は、資源にはるかに依存しているという点でオーストラリアの経済に似ている。[26]

しかし、オーストラリアとは異なりノルウェーは現在の豊富な資源を賢く利用しており、必然的に資源がなくなる後も何年にもわたって準備金を積み上げている。そのように、ノルウェーは国の遺産を維持することを目指している。オーストラリアが採石場であり、再生不可能な資源を地面から取って、これらの資源に対する短期的なブームの需要から利益を得ることには懸念がずっとある。これは経済的繁栄にとってより耐久性のある一連の基盤を構築するものではない。この点でのノルウェーとの対比は際立っている。

これまでのオーストラリアでは、莫大な利益に十分な課税を行わなかったために資源ブームの恩恵がほとんど無駄になり、その結果、非常に裕福な少数の人々にその恩恵は行き、経済的不平等をさらに悪化させた。**国全体がその天然資源の富から長期的に利益を得るようにするためのノルウェーのアプローチは、第５章で検討される。**

このアプローチは、公衆衛生、教育、運輸、インフラサービスの必要な増加に資金を提供し、気候変動への対応により踏み込んだ環境イニシアチブを取るためには、より一般的な税収をかなり引き上げなければならないという厳しい算術的現実に直面するオーストラリアの差し迫った必要に意味をもつのである。

26　e.g. Tiffen and Gittins, *How Australia Compares, Second Edition*, Table 3.20.

第1章
これまでの北欧諸国への政策的関心

　北欧諸国の政策の成果に対する一部の英語圏の人々による断続的な関心は、1932年にスウェーデンで政権を樹立したスウェーデン社会民主労働者党（SAP）による画期的な選挙の勝利の直後に始まった。選挙で、社会民主労働者党は大恐慌に取り組む急進的な経済プログラムに対して明確な支持を得た。その後、社会民主労働者党は継続的に選挙で勝利し続け、44年連続でスウェーデンを統治した。

　1936年、アメリカのジャーナリスト、マーキス・チャイルズは、『スウェーデン──その中道』というタイトルの本を出版した。

　チャイルズの本はベストセラーになり、復刻版も出され、版を重ねた。チャイルズは、1930年代のスウェーデン訪問中に、失業を減らし、その10年間に世界を悩ませてきた経済不況に取り組むスウェーデンのイニシアチブの活力と幅の広さに感銘を受けた。彼は包括的な全体の所得と賢明な支出を明らかにした。

　チャイルズはまた、価格を下げるために消費者協同組合が採った実践的なアプローチと、このための公的支援のシステマチックな活用、そして特に子供がいる家族にとっての高品質で低コストの住宅と家具を提供するための消費者協同組合の方法の適用に魅了された。

　さらに、チャイルズは、産業の発展への実用的で効率的なスウェーデンのアプローチ、寛大であるが慎重に計画された老齢年金制度、労働組合を含む組織への広範な参加、芸術とデザインの素晴らしさを称賛した。チャイルズはまた、一般的な意味での「穏健」と、社会的団結と、「社会民主労働者党」が圧倒的に多くの有権者の承認を得て段階的に前進し、慎重な漸進主義にコミットするやり方を目撃して称賛した。

　チャイルズはデンマークに関する章を設けて、「社会化された教育がどのように先進的な社会法を生み出すか、女性と子供、公衆衛生、そし

て労働の時間と条件に関係するのか」について言及した。[1]

英国フェビアン協会は、1930年代のスウェーデンの社会民主労働者党政府の業績にも注目した。協会の主要メンバーの1人であるマーガレット・コールが代表団を率いてスウェーデンを訪れ、その結果、1938年に新フェビアン研究局によって一連の論文が発表された。[2]

オーストラリアのケインズ経済学者であり、高級官僚であったH.C.ナゲット・クームズも、スウェーデンの社会民主主義政策の成果に関心を示したことは、注目すべき初期のエピソードであった。1930年代後半、クームズはスウェーデンが経済不況から回復するために追求した政策を研究した。1946年、彼は国際金融協定に関する議論の一環としてオーストラリアの労働党政府に代わってスウェーデンを訪問した。その間、彼はスウェーデンの主要な経済学者であって同国の社会民主主義政府の貿易大臣であったグンナー・ミュルダールと良好な信頼関係を築いた。[3]

その後、1960年代にオーストラリアの労働組合運動において、スウェーデンへの関心は明らかに発展した。それ以降、その運動の2つの政治的に異なる時期が最初に右、次に左に接点を持っていた。左翼のオーストラリアの組合員には独特の特徴があり、スウェーデンに目を向けた。

彼らは、1960年代後半から特定のスウェーデン人、ノルウェー人、オーストラリア人の学者、労働運動の知識人、活動家の間で築かれたつながりの結果、産業民主主義と仕事のデザインに特に興味を持っていた。

これらの交流の中心人物は、1967年にヨーテボリで修士号取得のため勉強している時にスウェーデン社会民主労働者党に加わったウーレ・ハンマーストロムだった。社会学部との関わりから、彼は国際的なネッ

1　Marquis W. Childs, *Sweden: The Middle Way*, Yale University Press, New Haven, Connecticut, 1936, pp. 164, 142.

2　Margaret Cole and Charles Smith (eds.), *Democratic Sweden: A Volume of Studies Prepared by Members of the New Fabian Research Bureau*, Books for Libraries Press, New York, 1970, reprint (first published by Routledge, London, 1938).

3　Tim Rowse, *Nugget Coombs: A Reforming Life*, Cambridge University Press, Melbourne, 2005, pp. 87-90, 130, 186.

トワークに連なった。その中で著名なのは、1950 年代後半からロンドンのタビストック人間関係研究所に拠点を置いていたオーストラリア人のフレッド・エメリーであった。

エメリーは同僚とともに、従業員が自分の職場環境をより細かく制御できるようにすることの価値について「社会技術的」なアイデアを開発した。

エメリーは特に、会社のさまざまな部署の人々を集めて問題や見通しについて話し合い、その後、自律的な作業グループに移動するための方法と出発点としての「サーチ・カンファレンス」のアイデアに関わっていた。[4]

ノルウェーは小規模で比較的結束しているため、これらの代替的な労働組織のアイデアを試すのに最も適した国とみられた。「産業民主主義」は、1960 年代初頭から、ノルウェーの労働組合と雇用主の間の基本協定の交渉項目として含まれていた。

エメリーと 1970 年代にオスロに設立された労働研究所は、職場改革の問題を調査するために、ノルウェーでの自律的な作業グループの試行を主導した。何人かのノルウェーの組合員と学者は、労働者にとってより充実した仕事がより充実する方法で労働プロセスを変える運動の一派となった。

その後、このアイデアはスウェーデンに持ち込まれ、そこで急速に広まった。ウーレ・ハンマーストロムは、1970 年代初頭にスウェーデンで行われたこの産業民主主義の実験の波の中で、研究者であるとともに活動家になった。その後、1974 年から 1978 年までスウェーデン労働省の産業民主主義と労働環境に関する政策顧問として勤務した。この立場で、彼は 1974 年に造船代表を含む多くのオーストラリア政府と組合の訪問者を受け入れ、ヨーテボリから 90 キロ離れたウッデバラにある当時の国営の造船所を訪問した。これらの代表団は、スウェーデンの金属労働組合とも連絡を取った。[5]

---

4 Interview with Olle Hammarström.
5 Correspondence file relating to Australia in the records of the Swedish Metal Workers' Union (IF Metall), Stockholm, for the year 1974.

元組合指導者のクライド・キャメロンは、1972 年にゴフ・ホイットラムがオーストラリア労働党を政権に導いたとき、オーストラリアの職場問題担当大臣に就任した。キャメロンは、組合にシンパシーを持つオーストラリアの若い労使関係学者の考えに興味を持っており、彼らは彼にとって重要な知識の源となった。

その 1 人は G.W.（ビル）・フォードだった。労働生活の改革のためのスウェーデンでのイニシアチブは、キャメロンの注意を引いた。ビル・フォードは、ブルーカラーの家族の出身で、早期学校中退者だったが、学問に立ち返った者だった。1971 年までに、彼はニューサウスウェールズ大学の学者となり、仕事の組織化と「スキル形成」（彼はトレーニングについて言及するときこの語を用いるのを好んだ。「トレーニング」は単にある人の知識を別の人に伝えることの意味にとどまるためである）へのさまざまなアプローチに強い関心を持っていた。

彼は、活発な労働市場政策に関するヨースタ・レーンの仕事を含む、スウェーデンのこの分野の進展について聞き始めていた。ヨースタ・レーンとルドルフ・マイドナーは、連帯賃金政策を策定したスウェーデンの労働組合連合の経済学者であり、1950 年代から 1970 年代にかけてスウェーデンで大きな経済的成功を収めて追求された。ビル・フォードは、スウェーデンの労働組合の研究、教育、産業民主主義のためのイニシアチブについてもっと知ることに夢中になった。

これには、当時オーストラリアで入手可能であったよりも幅広い材料を入手するのに多くの作業を必要としていた（彼は何十年も続けていた）。ビル・フォードはこれらの問題に関するクライド・キャメロンの資料を送り、それを使用した。[6]

1972 年、クライド・キャメロンは、メルボルンで開催された、スウェーデンのボルボグループ企業の社長であるペール・グレンハンマーによる演説に出席し、彼のメッセージについて前向きに話した。

　　　グレンハンマー氏は…世界で最も進歩的な企業の経営を引き継い

6　Interview with Bill Ford.

だ方で、新しいタイプの若い経営者の典型である…彼は経営陣と労働者のより緊密な関係を提唱した…経営陣への従業員の代表者の任命を含み、…魂を破壊するような組立ラインの仕事の単調さではなく、その代わりにグループ生産の導入によって仕事の満足を生み出すステップが必要である。そして、人々が脅威なしで働きたくなる長期的解決策がなければならないと言う。[7]

キャメロンは、スウェーデンの主要な労働組合指導者による次のような声明を引用した。

　　ますます多くの人々が、彼らが働く環境の改善にますます多くを期待している。彼らは自分たちの仕事の肉体的および精神的な負担の軽減を求めている。彼らは自分たちの仕事が多様化され、面白くなり、意味が与えられることを望んでいる。人々はより大きな自律性を要求し、どのように仕事を遂行するかについてさらに多く発言している。彼らはまた将来のために仕事をより安全にしたいと考えている…。[8]

　1972 年 12 月の選挙後のホイットラム政権の労働大臣としてキャメロンは、ビル・フォードを特別顧問として彼のスタッフに任命した。その後、ビル・フォードは 1973 年 5 月から公式の海外ミッションでキャメロンに同行した（これはフォードのスウェーデンへの最初の訪問だった）。両国間の産業民主主義に関する人事交流の交換プログラムにスウェーデンの省庁のカウンターパートと署名したとき、ビル・フォードはキャメロンに同行していた。

　1973 年のスウェーデン訪問とビル・フォードのアイデアの影響は、キャメロンが帰国後にマネージャーの聴衆に行ったいくつかのスピーチで明らかだった。彼は、産業民主主義の先駆者として、ボルボなどの主

7　Clyde Cameron, 'Modern Technology, Job Enrichment and the Quality of Life', *Journal of Industrial Relations*, Vol. 14, No. 4, December 1972, p. 368.

8　Ibid. pp. 370-371.

要なスウェーデン企業の例を引用した。

彼はオーストラリアの会社の経営者に「あなた方の重役を、会社を漂流させたよどみから引きずり出す」それから「ヨーロッパの実用主義者に従う」という挑戦を出したのだった。[9]

キャメロンは、エメリーの批評に言及した。エメリーの批評は、仕事がより退屈になってきた事情、労働者がさらにコントロールされてきたこと、以前は労働者の技能によって支えられていたアイデンティティが危機に瀕していること、仕事や組織に特有の忠誠心は、代わり映えしない低レベルの仕事の連続になるにつれ、乏しくなってきたことをあげた。

さらに彼は、機械と仕事の管理の権限が設計者と管理職に移ってしまい、一方、労働者の自己実現のニーズが減少したことに懸念を表明した。結論的に、彼は、「チームビルディングに重点を置くことによって、仕事をもう一度意味があり、満足のいく活動にするような仕事の充実化の必要がある」と述べた。

再び彼はグレンハンマーの会社に言及した。

> おそらく過去10年間に実施された最もよく知られている一連の実験は、ボルボ社で行われたものである。スウェーデンは、人間はグループで作業することや、彼らがチームに所属していると感じることや、うまくやっている仕事には称賛を示されることに、本質的な必要性があると確信している。そして… 彼らが力を注いで生産した製品によって、自分自身をポジティブに受け止めるのだ。[10]

ビル・フォードは、キャメロンとともにフィヨルドのほとりにある豪華に装飾されたユニオンカレッジの訪問を回想し、ホイットラム政権によるオーストラリアの労働組合訓練局の設立を確実にしたのはスウェー

---

9 Clyde Cameron, *Managerial Control and Industrial Democracy, Myths and Realities: An Address*, Australian Government Publishing Service, Canberra, 1973, pp. 9, 11.

10 Clyde Cameron, *Human Satisfaction, Current Social Standards and Their Effect on Work, Production and Productivity: Address*, Australian Government Publishing Service, Canberra, 1974, pp. 4, 5, 6, 10.

デンでのこれらの経験であったと信じている。[11]

　1975 年 11 月のホイットラム政権の突然の瓦解にもかかわらず、スウェーデンとオーストラリアの間の国際的な公共サービスの人的交流は進んだ。その一環として、オーストラリアの公務員は 1975 年 10 月から 1977 年 1 月まで 15 カ月間スウェーデンに滞在し、本を出版した。[12]

　その見返りに、ウーレ・ハンマーストロムは、妻であり親しい同僚であるルート・ハンマーストロムとともに、1976 年 8 月から 1977 年後半までオーストラリアで 15 カ月間を過ごした。ウーレ・ハンマーストロムは、当初、オーストラリアの雇用労使関係局のメルボルン本部に配置されていたが、その後、同局のアデレード支局に拠点を置くと合意された。

　ハンマーストロムがアデレードに行きたかった理由は、1974 年に南オーストラリア州政府によって産業民主主義ユニットが設立されたことだった。

　これは、労働党のドン・ダンスタン州政府首相（南オーストラリア州）の関心の結果であり、その年の彼自身のスウェーデン訪問とスウェーデン社会民主労働党首相オロフ・パルメとの会談によって強化された。[13] 新しい部局の職員は、エメリーの考えに影響を受けてスウェーデンを訪れ、そこで労働省における彼の役割としてウーレ・ハンマーストロムと会った。彼らはまた、スウェーデンのカルマルにある新しいボルボの工場を訪問した。[14]

　ルート・ハンマーストロムはこの南オーストラリア産業民主主義ユニットに加わり、スウェーデンのウーレ・ハンマーストロムと 2 つの論文を共同執筆し、女性と産業民主主義に関する別の論文を共同執筆し

11　Ford interview. See also Bill Guy, *A Life on the Left: A Biography of Clyde Cameron*, Wakefield Press, Adelaide, 1999, pp. 273, 307, 360-361.

12　Doron Gunzburg, *Industrial Democracy Approaches in Sweden: An Australian View*, Productivity Promotion Council of Australia, Melbourne, 1978.

13　Don Dunstan, *Felicia: The Political Memoirs of Don Dunstan*, Macmillan, Melbourne, 1981, pp. 227, 230.

14　Files for June and August 1974 in the records of the Swedish Metal Workers' Union, Stockholm.

た。[15] ハンマーストロム夫妻は、それがスウェーデンにおける産業民主主義の発展の幅広さであり、その強い人々の支持と包括的で構造的な基盤は、スウェーデンの経験を特に注目に値するものにしたと主張した。[16] ハンマーストロム夫妻は、1976年と1977年に多くのオーストラリアの労使関係の学者や実務家と緊密な関係を築き、その後も続いた。その後、ハンマーストロム夫妻はスウェーデンに戻り、ウーレ・ハンマーストロムは、1978年に設立されてまもないスウェーデン労働生活センターのリサーチディレクターになった。このセンターは、ウィントン・ヒギンズ（詳細は41ページ以下）やクイーンズランド州の政治経済学者であるジェフ・ダウなど、オーストラリアを訪れる多くの学者にとって重要な拠点となった。

　南オーストラリア州の首相であるドン・ダンスタンは、1978年にアデレードで産業民主主義に関する大規模な国際会議を開催した。

　最も重要な発表順は、ノルウェーとスウェーデンからの講演者に与えられた。企業、労働組合、政府部門から約400人の代表者が出席し、700ページにわたるプロフェッショナルに編纂された全体のプロシーディングが出版された。[17] フレッド・エメリーとビル・フォード（ノルウェーが最近行ったように労働研究所の設立を提唱した）は、この会議の講演者の一人であった。[18]

　彼の貢献の中で、ダンスタンは経済的利益を含め、職場でのより大きな民主主義の重要性について、クライド・キャメロンと同様の気持ちを表明した。冒頭の演説で、彼は次のように述べた。

　　従業員に組織への実際の関与を与えることは効率の低下につながると信じている人がいる。特にスウェーデンのような国々の経済的

15　Ruth Hammarström and Olle Hammarström, *Industrial Democracy in Sweden, Parts 1 and 2*, Unit for Industrial Democracy, Premier's Department, Adelaide, 1977; Susan Walpole and Ruth Hammarström, *Women and Industrial Democracy*, Unit for Industrial Democracy, Premier's Department, Adelaide, 1977.

16　Hammarström and Hammarström, *Industrial Democracy in Sweden, Part1*, p. 22.

17　Ray Wood (ed.), *Proceedings of the International Conference on Industrial Democracy, Adelaide, South Australia*, CCH Australia, Sydney, 1978.

18　Ibid. pp. 653-657.

成功を考えると、私はこの見方を受け入れることはできない。[19]

　会議の参加者との話し合いの中で、ダンスタンは「仕事の満足度の問題がものごとの根源にある」と強調した。[20]　会議に貢献した者のうちには、産業民主主義を擁護するのに、理由として産業民主主義は急進的なものではなく、社会的、技術的および教育的な力の組み合わせによる勢いを集めることができただけであり、それは西洋の工業化された世界のほとんどの国で目立つようになったと主張した。[21]

　北欧諸国における産業民主主義は急進的ではないとするこの描写は、スウェーデンの社会民主主義を実用的な「中道」とする長期的な見方に適合していた。その見解は、スウェーデン社会民主労働者党の政権が44年間続いた後、1976年に選挙で敗北してからフランスの社会党フランソワ・ミッテランが述べた「スウェーデンの社会民主労働者党は大企業の国有化などのより急進的な措置を追求していなかった」という不平と鏡映しであった。[22]

　ニューサウスウェールズ州の将来の労働党首相（1995年から2005年）およびオーストラリアの外務大臣（2012年から2013年）であるボブ・カーは、常にオーストラリア労働党の右側の路線にいる。1977年、ボブ・カーは、英国とオーストラリアの労働党をよりイデオロギー的に単純化された立場であると特徴づけ、スウェーデンの社会民主主義はそれらに対して立派で成功した代替案であるとして支持した。[23]

　「スウェーデン・モデル」に目を向けることは、トニー・クロスランド（訳注：英国の労働党右派の政治家。元・英国外相）及び1950年代からの英国労働党の穏健右派に関連付けられるようになった。

　しかし、スウェーデンをみている他の観察者は、スウェーデンの業績

19　Dunstan, 'Opening Address' ibid. p. 4.

20　Ibid. p. 15.

21　Ibid. p. 21.

22　Cited in Francis G. Castles, *The Social Democratic Image of Society: A Study of the Achievements and Origins of Scandinavian Social Democracy in Comparative Perspective*, Routledge and Kegan Paul, London, 1978, p. 3.

23　Bob Carr, *Social Democracy and Australian Labor*, NSW Lavor Day Committee, Sydney, 1977, pp. 7-8, 20, 22.

は実際には急進的であると主張して、別の見方をしていた。たとえば、英国のフランシス・G.キャッスルズは、スカンジナビアの社会民主主義と比較公共政策を専門とする学者だが、オーストラリアに移住して福祉の世界的権威になる前の1978年に、スウェーデンの社会民主主義は単なる穏健で中道派という認識に異議を唱えていた。キャッスルズは、スカンジナビアの社会民主政党が選挙に勝ち、その政策を実行することに成功したのは、実際には労働者階級の、労働者階級のための党であることを強調した結果だったと認めないとして、クロスランドを批判した。

キャッスルズはさらに、英国の支配的な国家的風潮として普及し続けた経済的個人主義とは対照的に、明確な平等主義と福祉志向の社会民主主義を彼らの社会の一般的なイメージとして作成したこれらの当事者の成果を認めなかったとしてクロスランドを批判した。[24]

また1978年、スウェーデンの社会学者ウォルター・コルピは、それは「歴史的妥協」であると主張した。スウェーデンの比較的強い労働運動は雇用主に要求を課すことが可能であって、それはスウェーデン社会民主労働者党の政策の成功を説明するとした。[25] その後1979年にアメリカの社会学者、ジョンD.スティーブンスはスウェーデンの社会民主主義が実際に社会を根本的に改革したことから、スウェーデンは今や社会主義国に近いと見なされるべきだと主張した。[26]

一方、1970年代半ばから、復活した自由市場右派からの観察者がスウェーデンの「中道」についての議論に加わった。彼らは、平等、高水準の課税、普遍的な福祉の提供を強調する「スウェーデン・モデル」を「問いにかけた」のだ。それゆえ1980年にマーキス・チャイルズは、彼の1936年の巻の続編を『スウェーデン——問われる中道』と題して出版したのだった。[27]

1980年代初頭までに、スウェーデンへの関心は、以前のような労働

24　Castles, *The Social Democratic Image of Society*, 1978, pp. 97, 119, 125, 127, 131, 141.

25　Walter Korpi, *The Working Class in Welfare Capitalism: Work, Unions and Politics in Sweden*, Routledge and Kegan Paul, London, 1978, pp. 320-321.

26　John D. Stephens, *The Transition from Capitalism to Socialism*, Macmillan, London, 1979.

27　Marquis W. Childs, *Sweden: The Middle Way on Trial*, Yale University Press, New Haven, Connecticut, 1980.

運動と政治の右派よりも、学界と労働運動の左派が関連するようになった。スウェーデンへの関心の高まりは、1970 年代半ばから、米国、カナダ、英国を含む多くの英語圏の国々で左派の間で発展してきた。

これは、スウェーデンの労働組合による賃金所得者基金の設立への積極的な動きに対応している。それは、より協同的な経済的所有権を広めるという急進的な企みの中で、民間部門の利益のかなりの割合を、組合が運営する非常に大規模な資本の蓄積を生み出すために使うべきであると提案した。

これらの動きは、スウェーデンの労働運動が自由市場資本主義に根本的に挑戦していたことを示していた。単に実用的で改革派であるという以前の描写よりも、多くの人々を期待させるものだった。

オーストラリアでは、1980 年代までに、左派組合は既に終わった長い繁栄期に、非労働党政府の下で組織化するという伝統から、先に行く新しい道を模索していた。しばらくの間、北欧モデルはオーストラリアの左派に対する英国を含む様々な場所からの初期の国際的な影響力に取って代わるであろう。

オーストラリアの主要な左翼連合の全国的リーダーシップ、金属労働者組合（AMWU）は、1970 年代の南オーストラリアの産業民主主義イニシアチブからある程度の距離を保っていた。[28] 1974 年に採択されたその正式な方針は、「労働者の参加」と「仕事の充実」の概念に強く反対した。[29]

そのような考えが、階級闘争の正しい概念を階級協調に置き換え、労働者が独立した組合員として行動するのではなく、会社の視点に組み込まれることにつながるということは疑いもない。連合は 1978 年のアデレード会議でこの立場を表明した。[30]

しかし、その会議で他の人たちは、産業民主主義に抜本的な可能性を見た。そして金属労働者組合はまもなく、産業民主主義という抜本的な

---

28 Now the Australian Manufacturing Workers' Union.

29 Nick Ruskin, 'Union Policy on Industrial Democracy: The Case of the AMWU' in Ed Davis and Russell Lansbury (eds.), *Democracy and Control in the Workplace*, Longmans, Melbourne, 1986. pp. 180, 182.

30 Wood (ed.), *Proceedings of the International Conference on Industrial Democracy*, pp. 256-261.

概念について独自のアイデアを大幅に発展させ、「経営者の特権」に積極的に介入するという野心を持って、北欧諸国へ関心を向けた。[31]

　産業民主主義についてオーストラリアで浮上している議論に関してより多くの情報を得るために、金属労働者組合内の研究者は1973年に幅広い国際的な調査を行った。

　彼らは、スウェーデンの労働組合や政府機関から、労働者の経営への参加に関するいくつかの出版物を集めた。彼らはまた、ノルウェーとデンマークの労働組合から、当時の「経済民主主義」のためのデンマークの労働組合の議題の概要を含む資料を入手した。[32]「ボルボ実験」に関する海外からの記事が1973年の金属労働者組合の出版物に掲載された。そのイニシアチブについて次のように記している。

　　ヘンリー・フォードが始めたオーソドックスな組立ライン技術からの革命的撤退であり、仕事の大きな変化に向かうスウェーデンの自動車労働者自身による彼らの長年のたゆみない探求であり、そしてスキルのさらなるトレーニングと開発を通じて、工場でより意味のある仕事をやり遂げるという深い願望である。

　これらの新しい措置には、企業の中のさまざまなポジション間の異動が含まれた。

　　それによって、労働者は、いくつかの仕事を学ぶことによって、全体としての業務についての知識を深め…「仕事の幅が広がる」…より多くの業務の経験をもたらす。全体として、ライン上の仲間の労働者とのチームワーク、業務に関する打ち合わせ、提案からより大きな仕事の満足度を得る。それらはボルボーカルマル工場の職場の完全な再組織化のためであり、現在計画されているように、車体

31　Discussed in Ruskin's 'Union Policy on Industrial Democracy', pp. 176-191.

32　AMWU records in the Australian National University's Noel Butlin Archives Centre, Deposit Z102, Box 268 ('Industrial Democracy 1950-1980').

の組み立てはいくつかの作業チームに分割されるだろう。[33]

　この記事のコピーは、組合でより広く配布するために作成された。こ
れらの資料はすべて、よく読まれた跡があり、下線、注釈、手書きのメ
モのページが作成されている。1970年代半ばから後半にかけて、金属
労働者組合の役員はスウェーデンの担当者と連絡を取り、英語で提供
できる情報をさらに求めた。そして彼らはスウェーデンを訪問し、ス
ウェーデンの労働組合の教育機関、技術、プログラムを検討した。そこ
では、賃金所得者基金の抜本的な提案をめぐって、労働者の間で進行中
の広範な議論に印象づけられた。[34]

　1980年代にオーストラリアの組合のスウェーデンに対する関心が、
より影響力のある労働運動の指導者にまで広がったとき、これらの中
で最も重要な人物はローリー・カーマイケルだった。カーマイケルは、
1971年にベトナム戦争に関するストックホルム会議に出席するために
初めてスウェーデンを訪れた金属労働組合の主要な幹部であった。

　金属労働者組合は、1964年の戦争開始以来、アメリカのベトナムへ
の関与に積極的に反対していた。オロフ・パルメ政権下のスウェーデン
の社会民主労働者党政府は、西側世界の他のどの政府よりも、ベトナム
へのアメリカの関与に対してより批判的だった。

　ダイナミックで戦闘的で影響力のある全国組合のリーダーのカーマイ
ケルは、長年にわたって自動車業界の労働者を代表しており、マルク
ス主義の枠組みの中で労働組織に関する問題を探求するようになった。
カーマイケルは、労働者がスキルを向上させる機会を増やすことに長年
の情熱を持っていた。

　彼はまた、新技術の影響と国際的接点の展開に強い関心を持っていた。
特に1968年にソビエトがプラハの春を抑圧した後、カーマイケルは公
式の共産主義にますます不満を抱き、当時から別の政治的アプローチに
目を向けるようになった。それは徐々に産業民主主義への関心につな

33　Amalgamated Metal Unions, *Monthly Journal*, Sydney, April 1973, pp. 11-13.

34　See further: Andrew Scott, 'Looking to Sweden in order to Reconstruct Australia', *Scandinavian Journal of History*, Vol. 34, No. 3, September 2009, pp. 330-352.

がった。

その結果、金属労働者組合は 1970 年代からスウェーデンの金属労働組合と緊密な関係を築き、1980 年代にはスウェーデンに強い関心を示した。カーマイケルの探求は、1980 年代初頭にさらに急を要することになった。オーストラリアの製造業で、より高い賃金とより短い労働時間を求める最近のキャンペーンは、彼が中心であったが、その成功の陰では、彼自身には相反する考えがあったのだった。

カーマイケルは後に、スカンジナビアの金属組合が行ったように、このキャンペーンは有給の学習休暇を取得することに向けられた方がよいと考えた。[35]

新しいオーストラリア労働党政府は、1983 年にボブ・ホーク首相の下で選出された。価格と収入に関する合意は、困難な経済状況における労働運動のためのより効果的で洗練された戦略を模索する一環として、オーストラリア労働組合評議会（ACTU）と新しいオーストラリア労働党政府の間で交渉された。これは、価格統制、「社会的賃金」の規定、産業民主主義および産業政策に関する政府の措置と引き換えに賃金抑制を組合とコミットした。

実に重要なことに、1983 年まで金属労働者組合の指導部は、この価格と収入の合意を積極的に支援することをいとわなかった。

政策協定（アコード）は労働党政権の全期間（1983 年から 1996 年）にわたって正式に存続したが、政府はその政策義務のほとんどを果たせなかったと初期から広く感じられていた。ホーク政権の規制緩和経済政策への失望と産業政策への限定的な行動を受けて、1980 年代に左派組合が合意を継続すべきかどうかについての議論が展開された。

当時、労働党、社会民主党、社会党が政権を握っていたオーストラリア以外の数少ない国の一つであるスウェーデンの経験は、これらの議論において非常に重要であった。

フランスのミッテランとオーストラリアのホークを含む、1980 年代初頭から（それまでに）政権を握っていた他の中道左派政党が、相変わ

35　Interview with Laurie Carmichael.

らずの政策基盤に基づいて経済拡張的政策をし続けるという無能さは、スウェーデン社会民主労働者党が過去数十年間に実際にどれだけ達成してきたかを明らかにするものであった。

　この点は、1982 年のスウェーデン社会民主労働者党の政権復帰（プログラムは変更されたものの）と、1980 年代を通じてスウェーデンで政府が維持していた比較的低い失業率によって補強された。1985 年、英国フェビアン協会はスウェーデンへの関心を新たにし、労働党と連携したジャーナリストによって前向きに分析したパンフレット『スウェーデンの社会主義への道』を発行した。[36]

　1985 年までに、ローリー・カーマイケルは再びスウェーデンを訪れた後、その国での組合の実績に非常に情熱をかきたてられ、彼はオーストラリアの労使関係の方向性について、そうでなければ違う方向に行くような場合は、スウェーデンに基づいて方向を形作るように行動した。カーマイケルと多くの同僚は、スウェーデンの労働組合と社会民主主義の成果にインスピレーションを得た。これにより、彼らは、守旧的な地元の労働党の方針を変革し、超越しようとし、オーストラリアの支配的な新自由主義的な労働党右派が考えるよりも、より野心的な選択肢である政治戦略を推進しようとした。

　カーマイケルは、スウェーデン訪問の結果として、スウェーデンで賃金所得者基金には、強い雇用主の反対があることを認識していた。このことは、1980 年代半ばまでにスウェーデンについての彼の政治的関心をより高めた。1983 年にオロフ・パルメ政府が最終的に導入した賃金所得者基金の修正形態は、1970 年代にスウェーデンの労働組合運動によって開発された当初の概念よりもはるかに限定的なものだった。しかし、それでも海外からの訪問者には印象的だった。カーマイケルは、1984 年後半から金属労働者組合の全国調査委員を務めた。1987 年 7 月にオーストラリア労働組合評議会の副会長に選出されるまでのことだった。1984 年から 1987 年の期間に、カーマイケルは政策協定に対して左派組合が支持を維持するのを支援した。同時に、政策変更のためにオー

36　Martin Linton, *The Swedish Road to Socialism*, Fabian Society, London, 1985.

ストラリア労働組合評議会内でロビー活動を行っていた。彼はまた、労働党政府が政策協定の中心的な公約を尊重しなかったことについて、時折、公に強く批判を行った。

ウィントン・ヒギンズは1976年から1977年にハンマーストロム夫妻に会ったもう一人のオーストラリア人だった。ヒギンズは以前、1969年から1970年にスウェーデンで一年間を過ごし、1976年にシドニーのマッコーリー大学で学者になった後、彼は1979年に研究休暇の期間にスウェーデンに戻った。

彼はそこで地元の家族と一緒に滞在し、スウェーデン語に堪能になるための言語スキルを身に付け、スウェーデンの労働組合運動の成果について知識を持っていた。そして彼はその運動が成し遂げたことにますます興味をそそられるようになった。彼はストックホルムの社会調査研究所を拠点としていた。[37]

1979年、ヒギンズは次の言葉で始まる記事を発表した。「アングロサクソン人の聴衆のために、社会主義がスウェーデンで発展していると主張する記事を書くのは、かなりの勇気が必要である」。[38]

この記事は金属労働者組合で影響力のある方法で回覧された。スウェーデンで社会主義が発展しているというヒギンズの主張は、1950年代以降、スウェーデンの労働組合総連合が、たとえば産業民主主義を促進する1976年の共同決定のような抜本的な政策を採用するよう、社会民主労働者党に影響を与える能力にかなり基づくものだった。

この記事は金属労働者組合で影響力のある方法で回覧された。それはまた、労働組合総連合の賃金所得者基金の提案に基づいていた。ヒギンズは次のようにコメントしている。

労働組合総連合…はオーストラリアのオーストラリア労働組合評議会に匹敵する…組合連合以上のものなのだ。それは、国家の枠組みの外で国家政策の形成と実施の慣行を発展させており、したがって、部分的に

---

37 Interview with Winton Higgins.

38 Winton Higgins, 'Working Class Mobilisation and Socialism in Sweden', *Intervention*, No. 13, October 1979, pp. 5-18.

議会外の党であり、部分的に代替の国家機構でもある。[39]

　この連携ネットワークのもう一人の重要な人物は、シドニー大学で政治経済学を専攻した元金属労働者のテッド・ウィルシャーだった。ウィルシャーはその後、1976年にローリー・カーマイケルのイニシアチブで金属労働者組合の研究者として任命された。

　金属労働者組合は、多国籍企業の成長する力を暴露し、批判する段階で、シドニーを拠点とする政治経済学運動と関係があった。金属労働者組合でのウィルシャーのエネルギッシュな教育キャンペーンは、その運動の出版物の一つで積極的に報告された。[40]

　1981年、ウィルシャーは金属労働者組合を離れ、オーストラリア労働党の副リーダーであるライオネル・ボーウェンの下で勤務した。

　1983年にホーク労働政府が選出されたとき、ウィルシャーは、ボーウェンが新しい大臣を務めた貿易省内の、後に貿易開発評議会と名付けられたユニットの事務局長になった。

　ウィントン・ヒギンズは1985年8月に新しい学術雑誌の論文を発表した。この論文は、発行部数と影響力を高める形で増刷され、カーマイケルに大きな影響を与えた。

　この記事は、ヒギンズの以前の著書に基づいており、「1970年代のスウェーデンの労働市場改革によって、組合の職場組織の権限が大幅に強化された」ことを強調し、「景気後退…および産業活動を縮小させる長期的な投資行動」が「労働条件と生活条件への攻撃であり、それはストライキという武器によって取り返すことはできない」ものであることを明らかにした。

　彼は、政策協定型の取り決めを単純に却下する、あるいは「…不況に対処しようとする政治に対する組合の関心を…階級協調として解釈する」ような左翼の分子に強く反対した。

　ヒギンズは、「発展途上の政治的組合主義は…中央の…調整的な…リーダーシップを開発しなければならず、そのリーダーシップは、敵対者の資源と規律に匹敵するために、絶えず拡大する知識体系で武装しな

39　Ibid. p. 17.

40　Greg Crough and Ted Wheelwright, *Australia: A Client State*, Penguin, Melbourne, 1982, p. 210.

ければならない」と唱えた。

さらに、「組合運動がますます多くの政策分野に自ら関わっていくにつれて、その社会的状況の観察と絶え間ない政策イニシアチブは、恒久的な自らの研究機関を必要とする」とヒギンズは主張した。

彼は、スウェーデンの組合が、最低賃金を含め、業界全体の交渉を通じて達成した偉大な政治的成果を概説した。そして、スウェーデンの労働運動は、「賃金水準は…究極的には産業の業績に依存し、これは今や労働組合の関心事でならなければならない」という長年の認識を持っていると述べた。

それゆえ彼は「労働運動の『生産政策』」は、「しばしば…スウェーデンの組合主義の階級協調への深いコミットメントの証拠として引用された…のであるが、実際に党理論家エルンスト・ウィグフォースの1919年からの、資本主義の…慢性的な混乱は『所得と大量失業の歪んだ分布』と不可分に関連しているという批判にその直接の理論的前例があった…」という議論をした。

ヒギンズはまた、スウェーデンの「レーン＝メイドナー・モデルは…組合運動に政策形成の中心的役割を与える」ことを強調した。

以前のオーストラリアのオブザーバーはスウェーデンではストライキがあまりないことを、啓発された経営の印しとして解釈していたが、ヒギンズはそれらが実際には組合の戦略的強さの産物であると主張した。[41]

ウィントン・ヒギンズは、この期間中に金属労働者組合のトレーニングスクールへの参加を招待された。スウェーデンの労働運動の成果に関する彼の学術的分析は、カーマイケルの新しい政治的ビジョンの探求に直接関係するようになった。

オーストラリア労働組合評議会を代表して 1985 年にスウェーデンを訪問した後、カーマイケルは主催者であるスウェーデン金属労働組合に深い感謝を表明した。

カーマイケルは、「オーストラリアの労働運動は、あなた方の組織がすでに確立し、大規模に実施している政策と戦略の方向に進んでいる。

41　Winton Higgins, 'Political Unionism and the Corporatist Thesis', *Economic and Industrial Democracy*, Vol.6, No.3, 1985, pp.355, 356-357, 354, 359, 360-361, 367, 369, 363.

もちろん、オーストラリアの具体的な状況に適応する必要がある。それにもかかわらず、私たちはあなた方から学ぶことが非常にたくさんある。それは、可能な限り短い時間で完全に探索しなければならない」と述べた。[42]

　カーマイケルは、スウェーデンの労働組合の連帯賃金政策は「彼らの政策開発の礎石」であると報告した。彼は、「生産性を高め」、「仕事上の権力関係に挑戦し、変化させる」研修休暇への彼らの努力を称賛した。そのうえ、

　　　彼らは常に彼らの仕事の政治的側面の重要性と、彼らの産業組織を拡大するための立法権の使用を強調している。彼らは、注目に値するコミュニティ・ディスカッショングループの仕組みから、隔週の政府と労働組合の協議に至るまで、政治的プロセスを高度に発展させてきた。

カーマイケルは注意を促した。

　　　これは…組合が…いつでも達成しようとするすべてを達成するという意味ではない。結果が…彼らがそうあるべきだと信じているより少ない場合もありえる…しかし、彼らの組合の立場は、その視点と共に常に継続的に発展していることは明らかである。

　カーマイケルはまた、教育プログラムによって支えられた、会社の取締役会における組合代表に関する共同決定法制とその条項について報告した。そして、スウェーデンの労働組合と経営陣との間の交渉に引き続いた「リニューアル・ファンド」の法律上の確立について報告した。これは一定の利益を上げている企業は、リソースの幾分かを、従業員の「産業民主主義…教育、スキル、責任、文化的能力の向上」のために割り当てるものだ。

42　Letter of 9 December 1985 in the records of the Swedish Metal Workers' Union, Stockholm.

さらに、彼は以下を報告した。

　60年代半ばからの他の民主的な動きの爆発的展開とともに始まった産業民主主義運動は、特に意思決定に労働者が発言権を持つことへの否定に対する挑戦であった。そして、この否定の最も悪質な形式は、労働の過程それ自体にあったのだ。

カーマイケルは、現在の産業動向は「より良い労働条件と労働慣行を交渉するための…大きな機会を生み出す」と示唆した。そして、この機会に対するスウェーデンの組合の態度は彼ら自身を「世界の労働者階級運動の最前線」に位置づけるものと評価した。

ボルボはカーマイケルに「劇的な例」を提供した。特に、以前の造船所に代わるウッデバラで進行中の新工場だった。そこでは「…高い…レベルのスキルを持つ最大30人までの労働者のグループが、30分間の計画された作業サイクルで、そして、どの労働者についても普通の組み立てに費やす労働時間の50％以下にして、仕事に関わっていく計画です」。

まとめると、彼は次のように述べている。

　彼らの経験から学ぶことはたくさんあると思う。
　特に労働者が政府にいることと、…組合がどのような期待を抱くべきかに関して…
　私が訪問する機会があったすべての国の中でスウェーデンは、労働党政権が就任していることに関して学ぶのに最も価値のあるものとして浮上している…それは私ができる限り強く意見を表明することにつながる。オーストラリア労働組合評議会からスウェーデンの労働組合総連合を通して、その小規模な代表者…あるいは代表団を、問題のより詳細な調査を行うためにスウェーデンを訪問させるよう努めるべきである。私は一般的な視点から問題を探っていく機会しかなかったし、調べる時間がなかった事柄について、より詳細に調

査するのである。[43]

　そして、1985年のこの短い訪問で、カーマイケルは、スウェーデンが示した政治的可能性に非常に情熱を燃やした。そして翌年のより長い訪問では、彼がロビー活動を行った代表団の主要メンバーだった。これにより1987年の主要なレポート『オーストラリア再建』が作成された。
　これを通じて、政策協定の不十分さにもかかわらず、カーマイケルは政策協定のために新たな支持をし、忍耐していくことになる。それはスウェーデンの労働組合が「政治的組合主義」を通じて持っていたことを達成しようとしたのだ。
　政策協定の重要な要素を実施しなかったことをめぐる左翼的組合と政府の間の公の論争は、オーストラリアで続いた。そしてカーマイケルはある時までそれらに参加し続けた。しかし、結局、彼は、「政府を救うために合意を復活させるのは労働運動次第である…組合運動は単純に批判的ではあり得ない」と強調した。政府の自己破壊的政策の方向性を変えるための効果的なキャンペーンがなければならない。[44]
　オーストラリア再建ミッションは、カーマイケルと同僚が行うキャンペーン活動の中心的な部分になった。
　ウーレ・ハンマーストロムは、スウェーデンの上級組合指導者間の広範なネットワークを利用して、1986年のオーストラリア代表団が訪問するための非常に充実した旅程をまとめた。[45]
　スウェーデンの影響は1986年8月までに十分に顕著になり、政治的経済運動の第一人者であるフランク・スティルウェルは、特にスウェーデンで開発され、ウィントン・ヒギンズによるさまざまな著作においてオーストラリアの文脈で議論された「政治的組合主義」の概念に基づいた「カーマイケルの見解」について懸念を表明し始めた。
　この見解は、「政策協定は、労働者階級の物質的な生活水準に絶対的

43　Laurie Carmichael, National Research Officer, AMWU,'Report to ACTU Officers', n.d. c. late 1985/early 1986: Noel Butlin Archives Centre, Deposit Z102, Box 555 ('Industrial Democracy 1985-1986'). Emphasis in the original.

44　*The Metal Worker* (newspaper), Sydney, May 1986.

45　Hammarström interview.

および相対的な利益を生み出すだけでなく、これまでにない政治的権力へのアクセスを開く可能性もある」というものだった。

スティルウェルは以前、社会民主主義の「協力」についての左派からの懐疑論を繰り返し、「『社会主義へのスウェーデンの道』は依然として激しく争われた問題であり」、政策協定についてのカーマイケルの見方は単に楽観的であると述べた。政策協定は、組合が政府の政策策定に関与する道を開く。これは、短期的には広く定義された労働者階級に利益をもたらし、あるいは長期的には社会主義の移行をより助長する条件につながる可能性がある。[46]

しかし重要なのは、カーマイケルがスウェーデンで形作った絵が、彼に楽観的である理由を与えたことである。1986年8月から9月にかけて、オーストラリア労働組合評議会からのハイレベルの代表団がスウェーデン、ノルウェー、ドイツ（当時は西ドイツであった）、オーストリア、英国に行き、オーストラリアの新しい政策オプションを模索した。代表団の主要な報告書である『オーストラリア再建』は、翌年に発表された。報告書は、力強い経済パフォーマンスを維持しながら、完全雇用と連帯賃金制度を最優先したスウェーデンを特に称賛し、模倣しようとした。[47]

ストックホルムへの訪問から戻って数日後、カーマイケルはスウェーデンの労働組合、彼らが享受したリソースのレベル、そして彼らの教育を強調していることについての彼の熱意を公に綴っていた。スウェーデンの労働組合総連合会議へカーマイケルは出席し、彼は「…組合運動が経済について洗練された見方を持つことが当然という意識の高さ」をみせつけられた。彼は次のように報告した。

　　会議の3分の1は生産の問題を議論することに使われた。今、私たちの…組合運動では、それが議会の期間の2または3％であったならば、生産の議論の量は幸運だろう。あなたは経済について話し

46　Frank Stilwell, *The Accord – and Beyond*, Pluto Press Australia, Sydney, 1986, p.28.

47　Australian Council of Trade Unions (ACTU) and Trade Development Council (TDC), *Australia Reconstructed: ACTU/TDC Mission to Western Europe: A Report by the Mission Members to the ACTU and the TDC*, Australian Government Publishing Service, Canberra, 1987.

合うだろうが、それは主に政府がそれについて何をすることを期待するかについてであり、私たちが…組合運動が何をすることを期待するかについては、ほとんどない。[48]

さらに、彼はスウェーデンではどうであったかを関連して述べた。

　労働市場政策は…組合の仕事の主要な基礎となっている。…組合は工場閉鎖の意図について知らされており、彼らの主な努力は余剰労働者についての処遇ではなく、労働者の再訓練と産業の再構築に向けられている。…同様に、生産と投資に介入するために職場代表の力が拡大されている。[49]

　1987年7月の『オーストラリア再建』のフル報告書が刊行されるまでの9カ月間、代表団の研究者は彼らの発見についてフォローアップした。テッド・ウィルシャーと他の研究者チームのメンバーは、その間、シドニー中心部の一連の貿易局で集中的に働き、組合が称賛するようになったスウェーデンの多くの特徴を主要テーマとして書き上げた。オーストラリア再建というタイトルのA4サイズでメインテーマが235ページにおよぶ公文書のような本であった。

　レポートには、統計的傾向、ポリシーの概念、および組織の取り決めを説明するための100を超えるカラーチャートが含まれていた。72の実質的な政策提言を行った。そして300以上のレファレンスを持つ参考文献リストを備えていた。

　出版物が編集されている間、ウィルシャーはウィントン・ヒギンズに助言を求めていた。[50] ウィルシャーはまた、ビル・フォードに原稿を送った。ビル・フォードは主要な政策立案はしなかったものの、『オーストラリア再建』の校正と編集の役割を果たした。[51]

48　'Carmichael's Swedish Message to Unions', *Financial Review*, Sydney, 6 October 1986.

49　'European Example is Path to Follow, says Carmichael', *The Metal Worker*, November 1986.

50　Higgins interview.

51　Ford interview.

『オーストラリア再建』は、1987 年のオーストラリア総選挙の前に印刷されたが、選挙後までリリースされなかった。この総選挙では、労働党政府が 3 期目の政権に就いた。

1986 年の訪問とその結果としての 1987 年の『オーストラリア再建』レポートは、これまでのオーストラリアの政治史における北欧諸国への最も顕著な関心を表している。オーストラリア再建は、オーストラリアの左派勢力の主流がこれまでに発表した中で最も包括的な政策マニフェストでもある。その内容は広く議論されてきた。

この出版物は、金属労働者組合が 1970 年代後半から発行した一連の初期のパンフレットで表現されていた、製品に付加価値を与えるのではなく、資源の採掘と出荷にオーストラリアが過度に経済的に依存していることへの懸念を継続していた。フレーザー中道右派政権の期間（1975-1983）でオーストラリアの政策の方向性を批判したそれらの出版物に続いて、組合代表団はオーストラリア労働党政府が追求するために『オーストラリア再建』で前向きな政策解決策を提案した。

1986 年のヨーロッパへの任務は、当時のホーク労働党政府によって部分的に資金提供され、その報告書は公式の許可証とともに発行されたが、その政府の政策に対する多くの批判が含まれていた。

著者らは、市場の賃金格差を縮小し、適切な社会的賃金を確保し、包括的で積極的な労働市場対策を通じて労働力の流動性とスキルを向上させることにより、完全雇用を追求する上で、スウェーデンのレーン＝メイドナー・モデルによって達成された成果を強調した。

彼らは、賃金抑制こそ唯一の解決策であるという概念を組合が拒否し、代わりに、社会民主労働者党政府に、ポリシーミックス全体を含む代替戦略を採用するように促したため、このアプローチは 1950 年代からスウェーデンで成功したと主張した。[52]

オーストラリアの労働組合代表はデンマークやフィンランドを訪問しなかったが、当時の西ドイツで高度な技能を持った労働力を育成するための職業訓練に投資された膨大なリソースに感銘を受けた。

---

52 Australian Council of Trade Unions and Trade Development Council, *Australia Reconstructed*, p. 5.

組合員は、ドイツでは労働力のスキルベースの向上は、国際競争優位のための長期的なビジネス戦略の不可欠な要素としてであって、一時的なスキル不足を解消するためや、人員削減の脅威に対処するための防御的な最後の手段とは考えられていなかったことに好意的にコメントをした。[53]

『オーストラリア再建』は、ホークとキーティング時代（1983-1996）の経済的介入主義に向けた最も野心的な試みの表れである。それは独自の論理、新しい制度、1983年2月にオーストラリア労働党とオーストラリア労働組合評議会によってサインされた価格と所得協定の進歩的な側面を発展させようとした。規制経済と産業発展を高い優先順位に置くことを特徴とした。

特に、オーストラリア再建は、政策協定の当初の合意された規定に反して、金融規制緩和を進め、政策協定の署名後の数年間の産業政策から離れようとする政府の動きに対抗しようとした。オーストラリア再建の政策提案の中には、賃金のことだけでなく、価格と役員給与の抑制を求める声があった。その他の手段の中では、生産的な投資を促進するために新しい老齢退職基金の利用による製造業の発展を提唱した。それは職業技能のより良い形成を求めた。また、より民主的な方針に沿った仕事の再組織化を裏付けた。

レポートが公表された1987年は、民営化の波に先立って、さらに関税が引き下げられ、ホーク／キーティング政権の後半に起こった中央集権的な固定賃金からのシフトがあった。そのため、『オーストラリア再建』は、1983年から1996年の期間に支配的であった、代替的でより介入主義的な労働党の政治経済的アプローチの重要な基準点であり続けている。

もちろん、『オーストラリア再建』は当時の雇用主から批判されていた。オーストラリアのビジネス評議会は、組合代表が戻った翌月、それと反対の絵を描くためにスウェーデンに独自の派遣団を送った。

保守派のリーダーは、オーストラリア労働組合評議会が北欧の英雄崇

53　Ibid., pp. xiii, 108, 118.

拝に従事していると示唆した。そしてある者は、労働組合を国の政策立案により広く関与させる提案は、必然的にオーストラリアをムッソリーニ政権下のファシストイタリアのようにするだろうと示唆した。[54]

明らかに、この2つ目の批判を行った人は、第二次世界大戦前のイタリアの独裁者の気まぐれな行動と、戦後の数十年に北欧諸国で徐々に、そして成功裏に進化してきた社会民主主義のコーポラティズムの間の区別を認めていなかった。

当時最大の雇用主団体のリーダーによる『オーストラリア再建』についての、もう一つの繰り返しの苦情は、読むのが難しすぎるということだった。[55]これは、メンバーが若者の間でより高い識字基準を定期的に求めていた組織から来たもので、やや奇妙なものだった。

しかし、すべての批判が雇用主側から来たわけではなかった。地域の福祉活動家は、公的部門の供給がスウェーデンの成功に果たした役割を十分に強調しておらず、社会的賃金をあまりにも狭く見ているとして、この報告書を批判した。[56]

さらに、報告書は製造業と技能訓練方針に焦点を当てているが、それは主要な参加組合員の優先順位を反映していたが、報告書の範囲を制約してしまった。『オーストラリア再建』は、スウェーデンが労働市場の細分化と闘い、女性の同一賃金と条件を促進するために導入した法律とプログラムを詳細に概説し、オーストラリアでも同様の動きを強く推奨したが、ほとんどの女性が実際に雇用されているサービス部門を適切に分析していなかった。また、その勧告は女性にとっての育児ケアのニーズを反映していなかった。[57]

---

54 John Hyde, 'ACTU Corporatism Was a Failure in Mussolini's Italy', *The Australian*, Sydney, 28 August 1987.

55 Pamela Williams, 'ACTU Report Branded as Dangerous by CAI Head', *Financial Review*, Sydney, 17 September 1987, quoting Bryan Noakes, then director general of the Confederation of Australian Industry; Confederation of Australian Industry 1987, *Employer Perspectives on the ACTU/TDC Report "Australia Reconstructed"*, Confederation of Australian Industry, Melbourne, 1987.

56 Council of Social Service of New South Wales, '*Australia Reconstructed*: What's in It for the Community Services Industry?', Council of Social Service of New South Wales, Sydney, 1988.

57 Pat Ranald, 'Unions Unreconstructed?', *Australian Left Review*, No.105, 1988, pp.10-11.

この文書はまた、環境問題を本質的に無視しながら、「私たちの時代の主要な議論を包含する」と主張することで環境保護活動家から批判された。[58]

オーストラリア再建は、「北欧の社会民主主義プログラムを、それらのプログラムを受け入れるための文化的および制度的背景を欠く社会に転置する試み」であったため、成功しなかったと主張されてきた。[59]

スウェーデンの労働組合は、1938年の画期的なソルトショーバーデン協定（ストックホルムの南東にある海辺のリゾートタウン、ソルトショーバーデンで締結されたのでその名がついた）以来、スウェーデンの国家政策立案に高いレベルで参加してきた。

これは、労働組合との幅広いパートナーシップに真剣に取り組んでいたとしても、1980年代初頭に就任したオーストラリア政府が一致することは、非常に困難な程度までそこでは定着したプロセスだった。

しかし、ホーク政府とキーティング政府の中心人物、およびそれらに最も近いオーストラリア労働組合評議会のヒエラルキーの一部の高官は、『オーストラリア再建』の勧告を真に検討または追求したことはなかった。[60] 1983年からオーストラリアで実施された政策協定と過去数十年にわたるスウェーデンの社会的コーポラティズムとの大きな違いは、スウェーデンの労働運動の政治的側面は、労働組合との合意の精神に基づいて、1980年代と1990年代のオーストラリアのそれらよりもはるかに多くの行動をしたことだった。

代わりに、オーストラリア労働党政府は、強力な企業の支持者や、商業メディアや政府高官の中のこれらの政策の唱道者によって促された、知的にファッショナブルな市場自由主義政策に従うことを選択した。

それにもかかわらず、『オーストラリア再建』は、オーストラリアの従来の経済政策の考え方に対する洗練された、やや意外な挑戦として一般に認められていた。この報告書をめぐる議論は、1987年7月の発表

---

58 Phillip Toyne, 'Trade Unions and the Environment' in *Labour Movement Strategies for the 21st Century,* Evatt Foundation, Sydney, 1991, p. 27.

59 Editorial, 'Australia Reconstructed: 10 Years On', *Journal of Australian Political Economy*, No. 39, 1997, p. 2.

60 Evan Jones, 'Background to *Australia Reconstructed'* ibid. pp. 17-38.

時から全国メディアで顕著だった。スウェーデンとノルウェーからの一連の政府の大臣や他の当局者の訪問は、北欧諸国の代替的な経済産業政策アプローチについての関心を、オーストラリア国民の間で数カ月間維持するのを助けた。

1987年10月19日、株式市場の暴落は『オーストラリア再建』から注目を移した——過大評価された投機的活動の崩壊は、組合代表団が予見していたまさにその一つだったが。

報告書は、「最近の買収の波の影響が、経済の実際の生産部門と付加価値部門によって行われる投資のレベルと構成に影響を及ぼしている」ことに懸念を表明した。

それはオーストラリア政府が、北欧諸国の政府の主導に追従することを推奨した。北欧諸国の政府は、「集合的な資本形成を通じた民間部門の活動の補完によって、この問題を解決するため行動していた。それらはインフラストラクチャー、教育、訓練および金融業務に投資するためだった」。[61]

カーマイケルと他のオーストラリアの労働組合員がストックホルムにいたのと同じ1986年に、カナダの政治学者ヘンリー・ミルナーもそこにいて、『スウェーデン——社会民主主義の実践』というタイトルの本を書くために研究していた。ミルナーの調査結果の多くは、オーストラリアの労働組合代表による調査結果と類似していた。

彼は、彼がスウェーデンの「連帯市場経済」と呼んだものに感銘を受けた。彼は、スウェーデン人は、2つの領域の矛盾する関係ではなく、補完的な関係という独特の感覚のために、経済的繁栄と比較社会的平等を達成したと主張した。

　　スウェーデン人にとって…人間関係が社会的連帯に基づいているコミュニティを維持する可能性は、コミュニティが国際経済のジャングルで生き残るための「適合性」の条件として理解されている…彼らを取り巻く制度化された社会的連帯により、スウェーデン人は

61　Australian Council of Trade Unions and Trade Development Council, *Australia Reconstructed*, pp. 14, 19-20.

安心感を得ることができ、市場が開く有望な方向に向かって追いかける準備ができているのだ。[62]

同様に、『オーストラリア再建』は観察していた。

失業や転職や低賃金などの受け入れを余儀なくされる可能性のある調整によって脅かされている人々は、明らかにそのような変化に対して反対すること。経済的に恵まれた人々は、変化を前向きな機会としてはるかによく見ることができる。スウェーデン人は衰退する産業から追い出される労働者を保護する必要を理解している。結果として、彼らは…寛大な失業保険、社会福祉、人員削減をする際の早期警告、再訓練、スキルの向上、移転へのインセンティブを開発した。急速な構造変化は、脅威ではなく、キャリアの機会を増やすための手段になりえる。[63]

ミルナーは、スウェーデンの「小規模で比較的文化的な均質性」が連帯を促す要因であることを認識した。しかし、彼はまた「社会民主労働者党の行動と教義」が、スウェーデンの自発的組織による幅広い公的指向の活動を形成しそれが、一方では市場、もう一方では国の官僚機構の間の「緩衝地帯」となる上で果たした役割を強調した。

「スウェーデンでは、この緩衝地帯は、労働組合、企業、その他の利害関係団体の代表者が、公的に義務付けられた理事会、機関、委員会に参加し、また利害関係組織自体が重要なサービスを国民に提供しているため、きわめて広いのだ」とミルナーは述べた。

「コミュニティの一員として、そして人間として、充実した豊かな生活を送るために必要な知識は、スウェーデンの制度の構造そのものに織り込まれている」と彼は書いている。

---

62 Henry Milner, *Sweden: Social Democracy in Practice*, Oxford University Press, Oxford, 1989, pp. 16-17.

63 Australian Council of Trade Unions and Trade Development Council, *Australia Reconstructed*, p. 105.

「情報に基づいた教育を受けた大衆は…不確実性の大幅な削減を意味する。スウェーデンは特に、すべてのレベルでの無料の公教育、成人教育での主要な取り組み、公営の通信メディア、図書館、美術館、大衆文化への多額の支出を通じてこれを達成している」。

ミルナーはまた、スウェーデンの研究開発の奨励を強調した。[64] 同様に、『オーストラリア再建』は、スウェーデンではボルボ自動車会社だけでオーストラリアの民間部門全体と同じくらい多くの研究開発に投資したという事実に注目を集めた。[65]

ヘンリー・ミルナーは、1986年の訪問以来、いくつかの挫折があったことを認めながら、北欧諸国の政策成果を積極的に発表し続けている。彼はさらに多くの本で分析を更新し、幅を広げており、スウェーデンのウメオ大学の常勤客員教授になった。

彼は、北欧諸国における高度な「市民リテラシー」として彼が特徴づけるものの継続的な強さと政治的重要性を強調した。十分な情報に基づいた市民は、北欧諸国の福祉国家を維持する上で非常に重要であるとミルナーは主張する。[66]

スウェーデン社会民主労働者党のイデオロギー的実績の持続性を実証的に分析したアメリカの政治学者による本は、ミルナーのスウェーデンについての最初の本の1年後に公表された。[67]

1987年7月から10月にかけて、『オーストラリア再建』の出版物について大規模な公開討論が行われた。ローリー・カーマイケルは、その政策提言についての討論を主導した。彼はオーストラリアの「スウェーデン化」を求めていたのではないかという、いつもながらの非難に反論しなければならなかった。カーマイケルは1991年9月までオーストラリア労働組合評議会副会長の役職を務めた。この間、そしてその後、彼

---

64 Milner, *Sweden: Social Democracy in Practice*, 1989, pp. 19, 74, 154, 42.

65 Australian Council of Trade Unions and Trade Development Council, *Australia Reconstructed*, p. 87.

66 Henry Milner, *Civic Literacy: How Informed Citizens Make Democracy Work*, University Press of New England, Hanover, New Hampshire, 2002.

67 Tim Tilton, *The Political Theory of Swedish Social Democracy: Through the Welfare State to Socialism*, Oxford University Press, Oxford, 1990.

はオーストラリア再建マニフェストのうちの技能訓練部分のキャンペーンを続けた。

カーマイケルが 1985 年と 1986 年にかけて築いたスウェーデンへの好意的な印象は、これらの努力を通して彼の支えとなった。

スウェーデンの穏健な進め方は、「リストラクチャリング賞」にみられるように、オーストラリアのトレーニング改革の課題に影響を与えるようになった。1980 年代後半のオーストラリアの組合員と研究者によるさらにいくつかの小規模の訪問は、スキルの再分類を含む問題に関する詳細な議論に貢献したが、彼らの政策の野心は『オーストラリア再建』に比べるべくもなかった。それらは映画の大ヒット作の続編のようだった。

また、最初の政策協定を支持していた金属労働者組合の研究者のグループ（社会民主主義的な政策介入の潜在的余地のため）は、北欧の労働組合の政治的成果および強化されたトレーニングの機会を通じた職場における人間の主体性を取り戻すことの目標を支持していたが、1990年代初頭、オーストラリア労働組合評議会と労働党政府から離脱し、それらを批判した。彼らの批判は、主要な組合指導者と政府はもはやこれらの目標も、宣言された産業政策の目的も、そして『オーストラリア再建』の勧告も追求していないというものだった。組合や政府は、経営者達が主導する企業レベルの交渉の課題に逆に圧倒されていたからだった。[68]　オーストラリアにとってそれらの課題とは、仕事の激化とより悪い不平等の時代の到来を告げるものであろう。

ウィントン・ヒギンズは、これらの批評家の懸念を共有していた。[69]彼は、1980 年代後半に「スウェーデンのモデル」をオーストラリアへ「翻訳する間に多くを失った」と考えている。これについて、彼はローリー・カーマイケルを批判してはいないのだが。むしろ、彼はカーマイケルを、新自由主義経済学によって支配され、急速に非常に不利になっ

68　Peter Ewer, Ian Hampson, Chris Lloyd, John Rainford, Steve Rix and Meg Smith, *Politics and the Accord*, Pluto Press Australia, Sydney, 1991, pp.111-117 and passim.

69　See for example Winton Higgins, 'Missing the Boat: Labor and Industry in the Eighties' in Brian Galligan and Gwynneth Singleton (eds.), *Business and Government Under Labor*, Longman Cheshire, Melbourne, 1991, pp. 102-117.

ていた政治的文脈において可能だったことを達成しようとしていると見ている。[70]

オーストラリアは、1980年代半ばにスウェーデンを訪問したオーストラリアの組合員によって描かれたスウェーデンのイメージ通りには再建されなかった。それにもかかわらず、スウェーデン、ノルウェー、その他の北欧諸国が採用した政策アプローチに対する1980年代のオーストラリアの労働組合員の関心は、よそからみれば称賛に値する先見の明があった。『オーストラリア再建』の出版は、数十年にわたり英国のフェビアン協会や1970年代後半の米国の学者ジョン・D. ステファンによるもの（その著作には明示的な参照が含まれている）、そして1980年代のカナダの政治学者ヘンリー・ミルナーを含む、他の国々で左翼によって示されたスウェーデンへのさまざまな関心を引き続けた。

英語圏の国々の右派の多くの批評家は、1990年代に「スウェーデンのモデル」は死んだと喜んで宣言した。スウェーデンの失業率の急激な上昇は、過度の規制と福祉の提供の必然的な結果であると主張した（たとえば、市場自由主義的な雑誌の *The Economist* の記事）。

1986年のスウェーデンの切れ者の社会民主労働者党の首相オロフ・パルメの暗殺、1991年の社会民主労働者党の選挙敗北、そして北欧諸国を含む1990年代の国際的な不況により、多くの人が「スウェーデン・モデル」の終焉を主張した。

しかしながら、社会民主労働者党は1994年にすぐに政権に戻り、2006年まで統治した。ヨーラン・ペーション政権下の社会民主労働者党政府はいくつかの新自由主義政策を採用しているけれども、他のアナリストは、「モデル」は生き残っていると説得力を持って主張している。

モデルは適応し、繁栄し、スウェーデンは英語圏の国々における支配的な政策アプローチに対して、意味ある成功した代替案を提供し続けている。[71]

アメリカ生まれでオーストラリアを長年の拠点とする社会政策学者の

---

70 Higgins interview.

71 Peter H. Lindert, *Growing Public: Social Spending and Economic Growth since the Eighteenth Century*, Cambridge University Press, New York, 2004. Vol. 1, Ch. 11.

シーラ・シェーバー教授は、1997年から1998年にかけてスウェーデンを直接研究したことをもとに（ウメオ大学とストックホルム大学のカースティン・ヘッセルグレン客員教授として）、北欧諸国の明らかな実績を、自信を持って表明している。シェーバーは、継続的な「特に女性の高水準の公的雇用」と「スカンジナビアの福祉国家で制度化された（平等の）より強固な概念」を指摘した。彼女は、特にハワード中道右派政権の選挙後、オーストラリアにおける福祉改革は、さらに条件付きで残余的な性格であったのとは対照的に、「北欧の福祉改革は普遍主義的平等主義の伝統を信じ続けてきた」と主張した。[72] スウェーデンの社会民主主義の持続的なメリットは、ブレアの「ニューレイバー」政府が不平等を大幅に縮小できなかったことへの失望の後、2005年に英国労働党のエネルギッシュなコンパスグループによっても認識された（訳注：コンパスは英国労働党と関係のある中道左派団体）。[73]

さらに驚くべきことに、2006年にオーストラリアのビジネス評議会は、イノベーションに関する政策声明の中で、スキル形成、ハイテク製造業の支援、研究開発への投資に対する北欧の継続的な取り組みを称賛するようになった。[74] これは、20年前の北欧の政策成果に関するオーストラリアの主要な労働組合報告に対する批判的な反応とは著しく対照的だった。

したがって、1986年の訪問後のオーストラリアの組合による北欧諸国の描写に対する主な批評家は、最終的にはこの前向きな描写のいくつかの側面と同じことを言っている。これは、『オーストラリア再建』で示された北欧諸国の実績の本質は、それに対する初期の反対論が意味したよりも正確であり、長期的にはオーストラリアとの関連性が高いことを示唆している。

72　Sheila Shaver, 'Welfare, Equality and Globalisation: Reconceiving Social Citizenship' in Keith Horton and Haig Patapan (eds.), *Globalisation and Equality*, Routledge, London, 2004, pp. 99, 102, 111, 100.

73　Robert Taylor, *Sweden's New Social Democratic Model: Proof That a Better World is Possible*, Compass, London, 2005.

74　Business Council of Australia, *New Pathways to Prosperity: A National Innovation Framework for Australia*, Business Council of Australia, Melbourne, 2006, pp. 12, 17, 18, 19, 20.

同様に、2013年、エコノミスト誌は証拠の重みにより、北欧諸国の実績について20年前よりもはるかに肯定的な評価を発表せざるをえなかった。これには、1990年代からの北欧諸国の平均以上の経済成長の認識と、技術革新の成功に加えて、本質的に伝統的に寛大な福祉国家を維持していたという事実が含まれていた。[75]

オーストラリアの学者であるウィントン・ヒギンズとジェフ・ダウは最近、エルンスト・ウィグフォース（社会民主労働者党政府で1932年から1949年までスウェーデンの財務官）についての包括的な研究を完成させた。ウィグフォースはインテリから政治家に転じた人で、そのレガシーは注目に値し、彼の貢献は絶えざるインスピレーションを提供している。[76]

「グローバリゼーション」の時代においてさえ、国家における労使関係アプローチ間の継続的な重要な違いについて、また、産業民主主義の可能性とその利益に関する依然として希望的な見通しについて、慎重な議論がずっと続き、残っている。いずれの場合も、北欧諸国は依然として主要な模範と見なされている。[77]北欧諸国は、さまざまな政策分野での独自の成果に再び関心を集めている。北欧諸国からの、そして北欧諸国への使者は、英語圏の国々の政策論争に影響を与えている。

オーストラリア人は再び、英語圏により学べる北欧諸国の業績から学び、そこからの教訓を提唱しようとしている人々の中にいるのだ。

第2章から第5章では、これらの現代的な政策の成果と教訓のいくつかを詳細に説明する。

---

75 'Northern Lights: Special Report: The Nordic Countries', *The Economist* (magazine), London, 2 February 2013.

76 Geoff Dow and Winton Higgins, *Politics against Pessimism: Social Democratic Possibilities since Ernst Wigforss*, PIE-Peter Lang, Bern, 2013.

77 Åke Sandberg (ed.), *Nordic Lights: Work, Management and Welfare in Scandinavia,* SNS Förlag, Stockholm, 2013.

第2章
子供の貧困を減らし、子供のウェルビーイングを増進するスウェーデンの主導的役割

　国連児童基金（UNICEF）によると、オーストラリアの所得貧困に暮らす子供の割合は11％近くであるが、北欧の4つの主要国（スウェーデン、フィンランド、デンマーク、ノルウェー）では、この数字の平均は6％強である。北欧諸国は明らかに、剥奪に苦しむ子供たちの割合が最も低いという点で世界をリードしている。[1]スウェーデンと他の主要な北欧諸国は、オーストラリアが現在行っているよりも、はるかに多くの子供たちを貧困から救うために、社会がどのように政策選択を行うことができるかの例を示している。この章の目的は、オーストラリアがこの例から何を学び、子供たちの貧困と不平等を減らし、幸福を高めることができるかを特定することである。

　スウェーデンは、子供のニーズを満たし、子供の権利を法律で尊重することを優先することで長い間知られている。

　この点についてのその主導的な役割は、ヨーラン・サーボーンの1990年代の重要な論文によれば、スウェーデンとその近隣諸国における早くからの強い平等主義的個人主義の価値観の存在に一部起因するとされている。また、北欧諸国のほとんどの市民が名目上所属しているルター派の宗教は、他の国のカトリックや正教会の宗教よりも影響力が少ないという事実も重要である。これは、スウェーデンでは家父長制の規範が他の国に比べて弱かったことを意味する。さらに、スウェーデンの民事法（他の国のコモンローとは異なる）の伝統により、公式な国内法規においては平等主義的個人主義の原理が、比較的迅速にかつ全面的に

1　UNICEF, *Measuring Child Poverty: New League Tables of Child Poverty in the World's Rich Countries*, UNICEF Innocenti Research Centre, Florence, 2012, pp.3, 2.

表明されていることがある。

　「北欧の宗教、法律、家父長制についての様相は、1910年代から1920
年代の子供の権利に向けた現代世界の急速な進歩に好ましい文化的背景
を提供した」とサーボーンは書いている。これらの進歩は「他の場所よ
りも抵抗が少なく」、スウェーデンでは他の北欧諸国と同様に、「法制
度は…斬新で平等主義的個人主義の概念に対して独自に開かれていた」。
その「政治的・法的意思決定は、子供の権利の法改正に非常に有利だっ
た」。[2]

　スウェーデンを代表する小児科医が最近、オーストラリアの聴衆のた
めに彼の国の子供に対する政策達成の理由を要約するように求められた
とき、同様の点が強調された。スウェーデンのカールスタード大学のス
タファン・ヤンソン教授による生存価値から自己表現の価値まで、そし
て伝統的または宗教的な価値からより世俗的あるいは合理的な価値まで、
さまざまな国が立つ場所の文化的比較は注目を集めた。

　この各国の比較ではスウェーデンと他の北欧諸国は、自己表現と世俗
的合理的価値について最も高いことを示している。スウェーデンでは社
会経済的平等のプラスのメリットが広く認識されており、スウェーデン
では他のほぼすべての国よりも女性と男性の男女平等が進んでいる。政
府が生活の多くの側面で積極的役割を果たすことに前向きな文脈では、
スウェーデンには個人の権利に対する強い感覚もある。子供たちは長い
間、人間の権利の観点からそれ自体が個人として見られてきた。[3]

　スウェーデンの子供たちへの政策の実績としては、低体重出生児、つ
まり体重が2,500グラム（または5.5ポンド）未満の新生児の割合が世
界で最も少ない国の一つということがあげられる。低体重出生は乳児の
健康のマイナス指標である。低体重出生児の割合は、スウェーデンは

2　Göran Therborn,'The Politics of Childhood: The Rights of Children in Modern Times' in Francis G.
　Castles (ed.), *Families of Nations: Patterns of Public Policy in Western Democracies*, Dartmouth,
　Aldershot, 1993, pp.266, 270-272, 273, 274, 277, 278.

3　Staffan Janson, 'An Overview of Nordic Policy for Children: Lessons for Australia on How to
　Reduce Inequalities' in Andrew Scott (ed.), *Changing Children's Chances: Can Australia Learn
　from Nordic Countries?*, Centre for Citizenship and Globalisation, Deakin University, Melbourne,
　2012, pp. 12-21.

4.2%だが、オーストラリアは6.2%である。[4]

ヤンソンは、スウェーデンの子供向けの成果を説明する際に、予防医療、高度なスキルを持つ助産師のサポート、出生に関する包括的で正確なデータの集積とコンサルティングを強調している。彼はさらに、すべての妊婦が妊娠初期に医療機関にみられるようにし、妊娠10週間までにみられなかった母親に連絡して、その遅れを引き起こした可能性のある社会問題に対処するための措置を講じることを強調する。スウェーデンでは、1970年代初頭から、父親と母親を対象に、出産の準備をするための育児クラスが提供されてきた。

1965年から1974年にかけて100万戸の新しい住居を建設し、手頃な価格のモダンな住宅をほぼすべての人が利用できるようにする社会民主労働者党政府のプログラムは、スウェーデンの子供たちが成長する生活条件を後押しする上で重要な役割を果たした。また、新生児の健康と発育を綿密にモニターする「ウェル・ベイビー・クリニック」のほとんど全面的な普及とそれへの両親の参加も重要だった。

さらに、母親と赤ちゃんの良好な栄養を確保するための一般的配慮の一環として、スウェーデンでは母乳育児を支援するための緻密な作業が行われている。世界保健機関は、最初の6カ月間の独占的な母乳育児は、あらゆる場所の赤ちゃんに最適であると考えている。スウェーデンの母乳育児率は世界で最も高い水準にまで上昇しており、母乳育児ポリシーのスコアカードのポイントとレベルは、10点満点中9.6点であり「非常に良い」となっている。他の国を比較すると、ニュージーランドの7.6、英国の7.2は「良い」であり、カナダの5.4は「普通」であり、オーストラリアの4.8と米国の4.2で、これらは「劣る」となっている。[5]

スウェーデンでは、出生と生後1年を生き残る子供たちの見通しが、他のほぼすべての国よりもはるかに高くなっている。生まれた子供が1歳になる前に死亡する確率（「乳児死亡率」）は、スウェーデンでは1,000人の出生ごとにわずか2.1だが、オーストラリアでは3.8、英国は

4　OECD, *Health at a Glance 2013*, OECD, Paris, 2013, pp.39, 38.

5　Save the Children, *Nutrition in the First 1000 Day: State of the World's Mothers*, Save the Children USA, Westport, Connecticut, 2012, pp. 39, 43.

4.1、カナダは 4.9 である。ニュージーランドは 5.5、米国では 6.1 である。[6]

　乳児死亡率は、スウェーデンや他の北欧諸国の方が、世界の他の地域よりも低くなっている。これは、これらの国々が「ダブルインカム」への支援政策を持っているためである。これは、男性と女性の両方が有給の仕事を引き受けるべきという規範に基づいている。それは福祉の普遍主義と雇用志向を組み合わせたものである。

　共稼ぎ支援策は、長期の有給育児休暇や公的育児サービスの提供を通じて、母親と父親が同様に有給雇用に参加できるように設計されている。この政策を追求する国は、母親が家にいる傾向がある一方、主な働き手の夫にお金を与えるという「一般家族」支援政策を追求する第二のカテゴリーの国とは異なっている。

　「一般家族」の支援政策は、扶養配偶者がいる賃金労働者への助成金を伴う、高度な性別（毎）の分業に依存している。伝統的な「一般家族」支援政策の国々も、オーストラリアを含む第 3 のカテゴリーである「市場志向」家族政策の国々も、乳児死亡率を北欧諸国の低水準にまで低下させることはなかった。[7]

　オーストラリアには、男性のフルタイム労働者と女性のパートタイム労働者の家族構造を想定した 1.5 人の稼ぎ手モデルがある。オーストラリアでフルタイムではなくパートタイムで働く雇用された女性の割合は、38.4％であり、スウェーデンの 18.6％に対して 2 倍である。[8] オーストラリアの女性は、フルタイムの仕事ではなくパートタイムの仕事に非常に偏りがちであるという代償を払っており、キャリアの選択肢が減り、賃金やその他の利益が少なくなっている。オーストラリアが「ダブルインカム」政策国の一つになると、働く女性と子供の見通しは改善される。そこでは、より多くの女性がスウェーデンのように合理的で規制された時間で、またはより安全に、より高給で、より質の高いフルタイムの仕

6　OECD. *Health at a Glance 2013*, p.37.

7　Olle Lundberg, Monica Åberg Yngwe, Maria Kölegård Stjärne, Jon Ivar Elstad, Tommy Ferrarini, Olli Kangas, Thor Norström, Joakim Palme and Johan Fritzell, 'The Role of Welfare State Principles and Generosity in Social Policy Programmes for Public Health: An International Comparative Study', *The Lancet*, Vol. 372, No. 9650, November 2008, pp.1633-1640.

8　*OECD Employment Outlook 2013*, Statistical Annex, Table H.

事やキャリアの見通しが良いパートタイムの仕事で働くようになる。

　新生児が 5 歳になる前に死亡する可能性を意味する「乳幼児死亡率」も、スウェーデンでは他の国に比べて低くなっている。オーストラリア、英国、カナダでは 1,000 人ごとに 5 人、ニュージーランドでは 1,000 人ごとに 6 人、米国では 1,000 人ごとに 7 人であるのに対し、スウェーデンでは 1,000 人ごとに 3 人である。[9]

　「オーストラリアの高い乳幼児死亡率は、先住民族の乳幼児の死亡によっては説明できない。なぜなら、先住民族の乳幼児死亡率は非先住民族の割合の約 2 倍だが、先住民族の出生数は 5.8％だけだからである」と、メルボルンの小児病院のフランク・シャン救命救急科教授は指摘する。[10]

　オーストラリアの先住民族（アボリジニとトレス海峡諸島民）の子供たちの死亡率は、「ギャップを埋める」という一般的な方針が採用された 2008 年において、非先住民族の子供たちの 2 倍であった。この方針には、2018 年までに先住民と非先住民のオーストラリア人の乳幼児死亡率のギャップを半減させるという特定の目標が含まれていた。現在の傾向は、この特定の目標が達成される可能性があることを示すが、先住民と非先住民のオーストラリア人の平均余命と雇用の結果の間の大きなギャップを埋める進展はない。[11]

　オーストラリアの先住民数は約 67 万人。北欧諸国にも先住民がいる。スウェーデン、フィンランド、ノルウェーの北部に住む約 10 万人のサーミ人である。[12] オーストラリアとは対照的に、北欧諸国の先住民族の子供たちの間には、非先住民族の子供たちと比較して重大な健康問題の兆候はほとんどない。[13]

　シャンは、オーストラリアの高い乳幼児死亡率は、おそらく医学的要

9　UNICEF, *Levels and Trends in Child Mortality Report 2013: Estimates Developed by the UN Inter-agency Group for Child Mortality Estimation*, UNICEF, New York, 2013, pp.16, 20, 22, 24.

10　*The Age*, Melbourne, 25 October 2013.

11　Australian Government, *Closing the Gap: Prime Minister's Report*, Commonwealth of Australia, Canberra, 2014, pp. 6, 8.

12　A small number of the Sami people also live across the Finnish border in what is now Russia.

13　Per Sjölander, 'What Is Known about the Health and Living Conditions of the Indigenous People of Northern Scandinavia, the Sami?', *Global Health Action*, Vol.4, 2011, pp. 1-11.

因ではなく社会的要因によるものであり、オーストラリアでの乳幼児死亡率を改善する方法を学ぶために、他の国々の中でもスウェーデンを研究することが「緊急に必要」と主張している。[14]

ヤンソンは、豊かな国々における乳幼児死亡率と所得の不平等の間には非常に強い相関関係があると指摘している。最貧層の40％と比較して、最も裕福な20％が国の経済資源をどれだけ使用しているかを含む所得不平等率は、その国の所得不平等率が高いほど、5歳未満の死亡率が高いことを示している。

相関は非常に高く、0から1までのスケールで0.76である。ここで、0は相関なし、1は完全相関である。したがって、オーストラリアのような平等ではない豊かな国では、子供はスウェーデンのような平等な豊かな国よりも、はるかに高い割合で5歳に達する前に死亡する。[15]

疫学教授のリチャード・ウィルキンソンとケイト・ピケットによる『スピリット・レベル』という著書の中で、子供の幸福を高めるためには、不平等を減らすことが重要であると示されている。著名な小児科医、特に発達中の脳に関する神経科学研究を行っているジャック・ションコフ教授は、これまで、人生の早い時期に投資が不可欠であるという明確な証拠を提供してきた。

エコノミストは、特にジェームズ・ヘックマン教授は、このような投資が、健康、教育、その他の成果の成功と、後世での費用のかかる介入の必要性の減少を通じて、コミュニティに特に強力な利益をもたらすことも示している。OECDの『スターティング・ストロング』の初巻が2001年に発行されて以来、ションコフとヘックマンの調査結果は多くの重要なレポートに組み込まれている。[16]

ウィルキンソンとピケットの研究に加えてこれらの調査結果は、政

14　*The Age*, Melbourne, 25 October 2013 (my emphasis).

15　David Collison, Colin Dey, Gwen Hannah and Lorna Stevenson, 'Income Inequality and Child Mortality in Wealthy Nations', *Journal of Public Health*, Vol.29, No.2, 2007, pp.114-117.

16　OECD, *Doing Better for Children*, OECD, Paris, 2009, pp. 66-69, 169, 179-180; OECD, *Starting Strong II : Early Childhood Education and Care*, OECD, Paris, 2006, pp.88, 89, 232, 255-256; OECD, *Starting Strong III: A Quality Toolbox for Early Childhood, Education and Care*, OECD, Paris, 2012, p.34.

府が今追求すべき経済的および社会的政策に大きな影響を及ぼす。スウェーデンは、子供の虐待の社会的、家族的、親の育児に関する危険因子について、公衆衛生予防のアプローチを採っている。

　一方、米国は予防にほとんど重点を置いておらず、リアクションに重点を置いている。つまり、米国は高水準の児童保護活動を行っており、児童虐待が発生した個別の事例について危険にさらされている子供を家族から引き離し、公的な保護の下に置いている。英国、オーストラリア、カナダ、ニュージーランドはその中間である。問題は、英語圏の国々は児童保護サービスによる活動を増やし続けたいだけなのか、それともそもそも問題が発生するのを防ぐためもっと多くのことをしたいのか、どちらなのか？

　社会的および近隣レベルでの予防的介入は、費用効果を含め、子供の幸福を改善するためにより効果的である可能性がある。[17]

　スウェーデンは小児傷害率でも現在、世界で最も低い。これは、家庭での安全に関する広範な教育プログラムを通じて、また子供の安全を地域計画の不可欠な部分にすることによって、とりわけ子供が自動車交通のリスクから保護されることを確実にすることなどによって達成された。[18]

　スウェーデンの負傷率が低いもう1つの理由は、スウェーデンで子供を殴るのは30年間以上違法であるということだ。ヤンソンは、子供に対するすべての身体的暴力を禁止するという1979年のスウェーデンの世界をリードする決定の根拠を準備するのを支援したことで、スウェーデンが子供を個人として早期に評価したことを認めている。

　国の子供の殺人率を外国のそれと比較する信頼できる最新のデータを集めることは困難だが、オーストラリア医療ジャーナルに発表された2009年の研究の結果は、1987年から2001年の間に、15歳未満の437人のオーストラリアの子供が殺人の犠牲者であったことを示している。

17　Ruth Gilbert, 'A Public Health Approach to Child Maltreatment: Sweden Still Leads the Way' in Martin McKee (ed.), *For the Sake of the Children: Social Paediatrics in Action*, Karlstad University Press, Karlstad, 2012, pp. 154-164.

18　Vibeke Jansson, 'Why Does Sweden have the Lowest Childhood Injury Mortality in the World? The Roles of Architecture and Public Preschool Services', *Journal of Public Health Policy*, Vol.27, No.2, 2006, pp.146-165.

スウェーデンでは 103 人がそうであった。したがって、スウェーデンは、その期間のオーストラリアの人口の平均で半分近くの大きさだったが、子供の殺人の数は 4 分の 1 未満であった。

オーストラリアでの児童殺人の 3 分の 1 以上が致命的な児童虐待であり、多くは家庭におけるものと明らかにされた。このデータの編集者は、子供に対するすべての身体的暴力を禁止するなど、「児童虐待の発生率を減らす手段によって命を救うことができる」と主張している。[19] 子供に対する身体的暴力を禁止することで、親の制御不能な「しつけ」と、子供が怪我をしたり殺されたりする可能性を減らすことができる。それはまた、親にしっかりと愛着を感じるのではなく、その代わりにその親を恐れ、その親を痛みと関連付けるようになる子供が感情的または心理的損傷を長く持ってしまうリスクを減らす。

スウェーデンは、子供時代に安全を提供することの重要性を強調する。子供たちが安全であると感じるならば、彼らは、十分に豊かで想像力豊かな子供時代を楽しむ可能性が高いためである。子供に対するすべての身体的暴力を禁止している唯一の英語圏の国は、ニュージーランドであり、2007 年に禁止した。これは、子供の殺人の割合が高いことへの対応の一つであった。ニュージーランドは別として、オーストラリア及びすべての英語圏の国々は依然として両親の手による身体的暴力から子供たちを守ることにおいて他の国々の後塵を拝している。

1979 年以降のスウェーデンでの子供に対する身体的暴力の禁止はよく知られており、多くの人に奮い立たせるような政策とみられている。スウェーデンは、1989 年の国連の児童権利条約を批准した最初の先進国でもあった。1993 年、スウェーデンは子供向けのオンブズマンを創設した。ノルウェーはそれを行った最初の国だった。「オンブズマン」という言葉自体は、本質的に「代表」を意味する古ノルド語由来のスウェーデン語である。

19 世紀初頭にスウェーデンで設立されて以来、一般的なオンブズマ

19　Olav B. Nielssen, Matthew M. Large, Bruce D. Westmore and Steven M. Lackersteen, 'Child Homicide in New South Wales from 1991 to 2005', *Medical Journal of Australia*, Vol. 190, No.1, 2009, pp.7-10.

ンの地位が世界中に広まり、個人が自分の利益を代表できるようになった。公的機関による不利な行動から保護されることを可能にするのは、すでに他の国々で追従されている北欧諸国の前向きな政策の一例である。[20]

これまで 34 カ国が、スウェーデンが 1979 年に子供に対する身体的暴力を禁止したことにならって決定したことも、そのもう一つの例である。[21] 子供のオンブズマンまたは子供のコミッショナーの役目は、スカンジナビアで創始されたもので、オーストラリアの一部の管轄区域を含んでこれまで普及していることは、またもう一つの事例である。

スウェーデンでの幅広い有給の育児休暇の供与は、家族が自分の労働生活をどのように管理し、家族の時間とバランスを取るかについて、真の選択を可能にするために決定的なことだった。1974 年、スウェーデンは有給の育児休暇を供与する世界で最初の国となった。この規定は、出産休暇よりも明らかに広範であった。なぜなら、新しい子供を持つ各家族の 6 カ月の有給休暇は、母親または父親のどちらかが取得できるからだ。

1978 年に期間は 9 カ月に延長され、1980 年には 12 カ月に延長された。1995 年以降、子供 1 人につき 480 日（16 カ月）の有給休暇があり、2002 年以降、その家族がフルに育児休暇を取得する場合には、各親（いわゆる指定 2 カ月父親休暇）が最低 60 日を使用する必要がある。休暇中の親は、1 年間の給与の 80％が支払われ、その後、金額が減額される。さらに、各親は子供が 18 カ月になるまで無給休暇を取る権利がある。

この時間を使用するスウェーデンの父親たちは増えてきた。父親の 40％が 2012 年に休暇を取得し、育児休暇全体の約 24％を使用した。母親は最初から休暇を取る傾向があり、母乳育児が減ると、父親は少し遅れて休暇を取る傾向がある。

スウェーデンの親は、すべての休暇資格をすぐに使用する必要はない。一部を使用して、残りを後で保存することができる。ただし、子供が 8

20　Roy Gregory and Phillip Giddings (eds.), *Righting Wrongs: The Ombudsman in Six Continents*, International Institute of Administrative Sciences, Amsterdam, 2000.

21　Joan E. Durrant and Anne B. Smith (eds.), *Global Pathways to Abolishing Physical Punishment: Realising Children's Rights*, Routledge, New York, 2011, p.4 and updates at http://www.endcorporalpunishment.org.

歳になる前に休暇を利用する必要がある。[22]

　オーストラリアは、2011年にようやく米国を法定の全国的な有給の産休の規定がない唯一のOECD加盟国として、置き去りにした。ある種の育児休暇を導入するという政府の決定は前向きな一歩であった。しかし、当初は18週間の出産休暇のみだった。そしてそれは最低賃金で母親にのみ支払った。また、新しい仕組みの恩恵を受けるはずの多くの企業からの実際の貢献も要求していなかった。企業は、技能があり、経験豊富で価値のある従業員を、失うのではなく、再び獲得することになる。それらの従業員たちは会社から家族生活について配慮を受けるのだから、育児を終えて仕事へ復帰するのに良く動機づけられるだろう。

　非常に慎ましい「お父さん及びパートナーへの手当」がオーストラリアの最初の出産休暇制度に追加され、2013年に有給の父親休暇の部分が効力を発した。これにより、父親及び同性のパートナーは、子供が生まれた後に2週間の最低賃金での有給休暇を取得できるようになった。

　オーストラリアでの母親の労働力参加の増加にもかかわらず、幼児の世話をしている間、依然として非常に性別に基づいた雇用パターンがある。11歳未満の子供を持つ働く母親の4分の3は、子供たちの世話もできるように仕事をアレンジしようとしているが、父親でそうするのは半分未満である。[23]

　オーストラリアで仕事と生活のプレッシャーを抱えて、こなしている多くの父親は、子供たちとの絆を育むのに苦労している。多くの男性は子育てや世話にもっと関わりたいと思っており、子供も親との時間をもっと望んでいるが、仕事からのプレッシャーが父親と子供を互いに引き離している。オーストラリアで幼い子供を持つ父親の半数は長時間働いており、父親の60％近くが急がされている、または時間に追われていると感じている。

　これと、彼らが望むレベルまで労働時間を減らすことへの障害は、

22　Janson, 'An Overview of Nordic Policy for Children: Lessons for Australia on　How to Reduce Inequalities', p.16; Swedish Institute, *Facts about Sweden: Gender Equality,* Swedish Institute, Stockholm, 2013, p.2.

23　See detailed data in Jennifer Baxter, *Parents Working Out Work*, Australian Institute of Family Studies, Melbourne, 2013, p.9.

オーストラリア人の父親の育児へのより多くの参加を妨げている。[24]

　出産後、特に2週間以上の出産休暇を取る父親は、定期的に出産やおむつ替えなどの仕事に従事するなど、子供の生活に関わる可能性がはるかに高くなる。夜中に起きて子供に付き添い、子供と風呂に入り、子供に就寝時の話を読んでいる。育児にたくさん関わっている父親を持つ子供は、認知テストのスコアに関してより良い成績を収める傾向があるといういくつかの証拠もある。[25]

　オーストラリアでは、有給の仕事と子供の世話の組み合わせを改善し、親の男女平等を促進し、父と子の関係を強化するために、より広範な育児休暇が必要とされるだろう。父親の育児休暇に関して小規模な要素が追加された後でも、オーストラリアの育児休暇の取り決めは最小限のままであり、女性の労働力参加を増やすためにも拡大する必要がある。

　オーストラリアにおけるより包括的な有給の育児休暇の取得に関する議論は、2013年に政権交代につながった政党の政治的位置取りと選挙の特異な状況によって歪められた。中道右派の政党のリーダーであり、現在、オーストラリアの首相であるトニー・アボットは反対に、有給の育児休暇をより拡張し、より普遍的にする政策を採用した。

　このことは、彼の一般的な社会的に保守的な哲学に反しており、有給の育児休暇に対する彼自身の以前の明確に述べられた個人的な見解と矛盾し、また彼自身の党の市場自由主義経済政策とも対立することだった。多くの人は、彼を女性差別主義者または家父長制の規範にしがみついている人として認識しているので、女性の間での彼の不人気な世論調査を克服したいという願望によって政策の切り替えが動機付けられたものとみている。

　2015年半ばに計画された方針が進めば、出産後6カ月の休暇で、最大10万ドルまでの全額給与が働く女性に支払われる。これは一部には

24　Pocock, Skinner and Williams, *Time Bomb*, pp.34-36; Natalie Skinner, Claire Hutchinson and Barbara Pocock, *The Big Squeeze: Work, Home and Care in 2012*, Centre for Work and Life, University of South Australia, Adelaide, 2012, pp.12, 26-27, 36, 41, 45.

25　Maria del Carmen Huerta et al, *Fathers' Leave, Fathers' Involvement and Child Development: Are They Related? Evidence from Four OECD Countries*, OECD Social, Employment and Migration Working Papers, No.140, OECD, Paris, 2013, pp.39-41.

第 2 章

企業からのより大きな貢献によって賄われている（大企業に対する 1.5％
の賦課金）。

　また、父親は（現在の最低賃金ではなく）全額有給で 2 週間の休暇を
取る資格がある。（2013 年の全国選挙で採用された方針は、適格な働く
女性の最高給与レベルを 15 万ドル（訳注：豪ドル。本書においてドル
は豪ドルを表す）にすることだったが、2014 年 5 月のアボット政府の
最初の予算編成に向けて、アボット氏が主張する緊急の財政的圧力によ
り、これは 10 万ドルに引き下げられた。しかし、削減の本当の理由は、
アボット氏の有給の育児休暇政策に反対する自由党内の市場自由主義者
によって進められていたキャンペーンであった可能性がある）

　有給育児休暇の充実についての原理的な支持者の中には、対象を特定
する一般的福祉システムの文脈におけるこの特定の事項の予算増加に反
対した者がいた。一般的福祉システムには、育児ケアを含む他の優先事
項があり、有給育児休暇により大幅な予算を費やすスキームによっては、
それらの予算が削られるかもしれなかった。

　他方、賛成した人たちもいた。彼らの賛成の理由の一つは、キャリア
の選択肢をアップグレードし、男性と比較して女性が仕事で苦しんでい
る低賃金やその他の福利厚生を克服するのに役立つことだった。

　もう一つは、世界保健機関が最適と見なす 6 カ月の期間に向けて、
オーストラリアでの母乳育児を増やすことである。2013 年 8 月のオー
ストラリアの「仕事と家族に関する政策円卓会議」の投票評価は、計画
に賛成という結論を下した。それはその詳細、コスト面の信頼性および
必要とされる一連の仕事／家族政策のうちのたった一つの要素のみに焦
点を当てていることに不安が感じられたにもかかわらずである。

　この状況は難問を生み出した。これについてはこの章の後半で詳しく
説明する。

　有休育児休暇の権利を持つ家族について、現在の 18 週間の最低賃金
での有給の出産休暇の終了時（プラス 2 週間の「お父さん及びパート
ナー」手当）と、オーストラリアでの就学前の開始（通常は 4 歳）の
間には非常に長い間隔がある。もし 2015 年からより長い 6 カ月の有給
の育児休暇制度が導入された場合でも、その 6 カ月が終わった後から、

オーストラリアで子供が4歳で就学前教育に入るまでにはまだ長い間隔
がある。

スウェーデンでは、就学前教育と保育サービスは別々に発展してきた
が、1990年代半ば以降、幼児教育および保育（ECEC）サービスとして
ますます統合されている。子供を預かって面倒をみることがきちんと整
えられた環境でなされれば、有意義な社会的学習となることが認識され
ている。

スウェーデンのすべての子供たちは、中央政府の資金から支払われ、
地方自治体レベルで運営されている税金で賄われた幼児教育・保育サー
ビスの場所が与えられている。1歳になってからすべての子供に1日3
時間の無料幼児教育・保育サービスが保障されている。その後子供たち
は、3歳になる秋の学期から学校に通うまで、週に15時間の無料の幼
児教育・保育サービスを受ける権利がある。オーストラリアでは母親の
大多数が、子供たちが学校に通い出す前に仕事に戻っているという事実
にもかかわらず、1、2歳または3歳の子供たちに育児サービスを提供
する場所はない。

したがって、スウェーデンと、フィンランドを含む他の北欧諸国の子
供たちは、オーストラリアや他の英語圏の国の子供たちよりも遅れて正
式な制度的教育を開始するが、質の高い幼児教育・保育環境に早く入る。
北欧諸国では幼児教育・保育サービスの役割は、家族をサポートし、ア
イデンティティを形成し、自分自身の安心を感じることを含む幼児の基
本的な発達上のニーズを満たすことだ。

これは幼児の自然な学習戦略を尊重する方法で行われる。つまり、遊
び、相互作用、自然界との相互作用、協力活動、個人的な調べものを通
じて学習する。目的は、子供たちが学習についての好奇心、楽しみ、自
信を育むことである。あらかじめ決められたレベルの知識と習熟を得る
ことではない。[26]

スウェーデンの子供たちの大部分が1歳から幼児教育・保育サービス
という公共空間に入るという事実は、幼児教育・保育サービスの職員が

26　OECD, *Starting Strong II: Early Childhood Education and Care*, pp.59-61.

学習、行動、発達の問題を抱える子供たちを特定することを意味する。ヤンソンは、スウェーデンの政策立案者は早い幼児期の子供達に関わる労働者の見解に非常に興味を持っていると指摘している。これらの職員は、医師よりもはるかに頻繁に子供を観察する。つまり、彼らは子供の発達についてかなりの知識を習得し、大きな影響を与える可能性があるのだ。

多くの親は、幼児のケアをする職員が、最初に気づいたことのおかげで子供を医者に連れて行く。初期の頃、両親は身体的な問題を最も心配するが、幼児期の職員は心理的および発達上の問題をより心配しており、それらを特定するのに非常に優れている。[27]

オーストラリア早期発達指数（AEDI）は、2004年にオーストラリアで導入された5歳児の発達と健康についての全国的なデータを集めた指数である。それは彼らの身体の健康と幸福、社会的能力、感情的な成熟度、言語と認知のスキル、コミュニケーションスキルと一般知識をカバーしている。

オーストラリア早期発達指数の結果はすべての地域で利用可能であり、子供たちの問題が定着して悪化するのを防ぐため、早期に取るべき行動を知るための非常に実用的なリソースを提供する。彼らは、教師が正式な全日制学校の1年生である子供たちについて持っているかなりの知識を利用している。しかし、オーストラリアが1歳から4歳までの子供の健康と発達のニーズを徹底的に特定する能力というのは、スウェーデンを特徴付けているより包括的な仕組みに向かって、オーストラリアが歩み出すまでは実現できない。

オーストラリアの子供たちが生後1年で受ける予防接種と発達チェックは、その後の数年間、地方自治体が運営する母子保健サービスの利用につながる。ただし、これらは州や地域によって大きく異なり、社会経済的に恵まれていない家族によるこれらのサービスの利用は少なくなっている。

したがってオーストラリアの2歳と3歳の多くは、通常、4歳でプレ

27　Janson comments in Scott (ed.), *Changing Children's Chances*, pp.29-30.

スクールに入るまで、健康診断制度が行われる他の環境には入らない。オーストラリアは、新生児が生後1年間に利用する乳児医療サービスと、その後は4歳までは利用できない子供医療サービスとの間のかなり大きなギャップを埋める必要がある。これらの仕組みには、1歳からの子供を対象とするオーストラリアの幼児教育・保育サービス全体の公平な配分と、高いレベルのプロ意識が備わることが必要である。

シャロン・ゴールドフェルド准教授は、メルボルンのロイヤル小児病院の小児健康コミュニティセンターの早期発達指数リサーチディレクターである。彼女は、オーストラリアは子供たちの免疫において大きな進歩を遂げたと指摘する。その結果、オーストラリアに存在する子供の健康の不平等（先住民族の子供や遠隔地の子供、社会経済的に不利な背景からの子供たちの出生時体重の低下など）は、予防接種に関しては存在していない。ゴールドフェルドによれば、誰でも無料の子供への予防接種とユニバーサルヘルス保険（メディケア）の提供の成功は、オーストラリアにとって、スウェーデンや他の主要な北欧諸国に匹敵するような、よりユニバーサルな子供の健康の仕組みを目指すことが非現実的ではないことを意味する。[28]

スウェーデンを綿密に研究したオーストラリアの幼児専門家であるデボラ・ブレナン教授は、スウェーデンは主に公的に提供された税金によるサービスに基づいており、民間市場の業務にほとんど依存しない、十分なリソースのある幼児教育・保育システムを持っていると指摘する。対照的に、オーストラリアでは保育サービスを提供するために、民間市場に非常に大きく依存している。

スウェーデンでは、提供される無料の最低サービスを超える時間を必要とする家族の料金は、それぞれ1人目、2人目、3人目の子供たちの合計世帯収入の3％、2％、または1％の割合で請求される。料金の上限は約1,260スウェーデンクローナで、これは最初の子供が月額192ドルに相当する。2番目の子供は840スウェーデンクローナ（128ドル）、3番目の子供は420スウェーデンクローナ（64ドル）である。

---

28 Sharon Goldfeld, 'The Role of Child Health Systems in Reducing Inequalities' in Scott (ed.), *Changing Children's Chances*, pp.22-26. See also her comments in other parts of that volume including p. 30.

国と地方自治体は合わせて、すべての幼児教育・保育サービスの費用の90%を負担する。これにより親が支払う料金は、幼児教育・保育サービスの残りの10%を負担するだけなので手頃である。オーストラリアでは、市場での営利事業として育児が急速に拡大している。事業の不安定さや費用支払いについての深刻な問題を引き起こし、子供たちの間の不平等を悪化させている。

オーストラリアのチャイルドケアシステムは、現在は2008年当時よりも市場化を縮小している。2008年には最大の営利プロバイダーであるABCラーニング社が倒産し、政府が運営していたセンターを引き継ぐために、よりコミュニティ指向のグッドスタート社による動きを支援した。しかしながら、市場の力は幼児教育・保育サービスの領域を支配するのに適切でないということについて、そのエピソードからより根本的な教訓は学ばれていない。

ブレナン教授は、一方はプレスクールあるいは一部の州では幼稚園として知られているものと、他方は保育ケアサービスを、幼児教育・保育サービスに統合することについてオーストラリアではスウェーデンよりもはるかに難しいことを懸念している。これは、オーストラリアでは保育セクターが市場化されているのに対し、3歳と4歳の早期幼児教育はほとんど市場化されていないためである。

オーストラリアの政策は、育児を消費者が購入する商品として位置づけている。一方、スウェーデンでは、子供たちは幼児教育・保育に対する社会的権利を持っている。さらに、オーストラリアの連邦制度は、統合された幼児教育・保育を達成することの困難を悪化させている。基本的に、オーストラリアの政府は働く親のニーズを満たす育児サービスに焦点を合わせており、州政府は教育に焦点を合わせた就学前および／または幼稚園プログラムを提供している。

ブレナンはさらに、保育サービスが親や家族のニーズに応じて首尾一貫して推進されるのではなく、政府の各レベルがタイプ別のサービスを分割して提供する場合には、資金調達メカニズム、補助金構造、およびさまざまな適格性規則が、それを悪化させることを懸念している。さらに、オーストラリアでは、いくつかの例外を除いて、政府は保育サービ

スを計画せず、または割り当てをしていない。国の政府は、民間の営利プロバイダーが必要な場所でこれらのサービスを提供し、規制によって質を含めて望ましい結果を保証することを前提としている。それでも、理論的な市場自由主義の仮定は、もし保育サービスが高品質でなければ消費者は「ビジネス」（つまり子供を意味する）の購入場所を他の場所に移すことによってプロバイダーを懲らしめるとするが、それは幼児教育・保育サービスについてはあたらない。

　また、先生や保育士らにそれなりの賃金を支払うことと、親が負担しやすい料金を維持することの間で生じる緊張の点で、オーストラリアはスウェーデンとはだいぶ異なる。

　オーストラリアが普遍的で誰もが使える幼児教育・保育システムを持つためには、政府は公正で適切なスタッフの賃金に資金を提供するため、より多くの責任を負わなければならない。プロバイダーは、スタッフにまともな賃金を支払うことと、親にとって手頃な料金を維持することとの間の絶え間ないトレードオフに直面している。

　スタッフの賃金が上がる場合、プロバイダーはそれらを支払う手段を持たなければならない。それは通常、両親への請求料金を高くすることである。国は、親が負担する料金費用の大部分を軽減するチャイルドケア給付およびチャイルドケアリベート補助金を提供して支援する。それにもかかわらず、保育所は、彼らのスタッフに賃金の増分を支払うかどうか、センターの必要な改修に着手するかについて議論を続けている。これらの２つの重要な要件が互いに対立することは受け入れられない。[29]

　オーストラリアで公的に提供される幼児教育・保育サービスがより拡大する形に移行することは、より高い品質、アクセス可能性および手頃な価格という目標を達成するのに役立つだろう。その３つは、どれ一つとして譲れないとても重要な目標である。

　オーストラリアでは、オーストラリア政府評議会（COAG）が、2013年までにオーストラリアのすべての子供たちが、フルタイムの正式な学

29　The above three paragraphs draw on Deborah Brennan, 'The Importance of High Quality and Accessible Early Childhood Education and Care' in Scott (ed.), *Changing Children's Chances*, pp.33-36.　See also her comments in other parts of that volume.

校教育を開始する前の年に、4 年間の大学資格を持つ幼児教師が提供する週 15 時間、年間に 40 週間の幼児教育・保育サービスへアクセスできるようにするという大きな一歩を踏み出す合意を 2008 年に行った。

この合意は、不平等を防ぐための最も効果的な方法として、初期投資の決定的な重要性を認識した。したがって、それはオーストラリア早期発達指数に追加され、オーストラリアにおける幼少期に対するより統合的アプローチに向かう一歩を踏み出した。これは、オーストラリア青少年研究連合（ARACY）による効果的な提唱を受けたものだった。2003 年にオーストラリアンオブザイヤーに選ばれた子供福祉の擁護者である疫学教授のフィオナ・スタンリーの要請により 2002 年に結成された。

それ以来、目標を達成するためにいくらかの進歩があったが、重大な不足もあった。2013 年のオーストラリア政府評議会によると、「2012 年に報告可能な州および準州では、プレスクールに登録した子供の 90% 以上が出席した。しかし、質の高い学習に向けて週 15 時間の目標を達成するには、週の出席時間を増やす必要がある」。[30]

オーストラリア政府がこれまでに行った幼児期の政策イニシアチブの主たる目標を達成し、潜在力を最大限に実現するには、さらに多くのことを行う必要がある。オーストラリアのすべての子供が週に 15 時間の幼児教育・保育サービスにアクセスできるという目標は、すべての子供が実際にそれらのサービスを受けることを保証することと同じではない。

オーストラリアは依然として、資格のある労働者を幼児教育・保育サービスの地位に引き付け、維持する必要がある。

週 15 時間の目標は、次の優先課題のスタート地点になるだろう。週 20 時間に増やすこと、あるいは 4 歳になるまで待つのではなく、3 歳になった時からにするなど、子供のための仕組みを早期に開始する、あるいは、特定の地域では、1 歳からより高い品質を達成することに焦点を当てるなどである。[31]

30　COAG Reform Council, *Education in Australia 2012: Five Years of Performance,* COAG Reform Council, Sydney, 2013, p.8.

31　See comments by Deborah Brennan and Sharon Goldfeld in Scott (ed.), *Changing Children's Chances,* pp.38, 36.

人口増加率が高く、若い子供達の集中度が高く、成長しているが主要な都市の郊外で、社会経済的に不利な郊外の家族には、特に多くのリソースを提供する必要がある。

　ただし新しいオーストラリア政府評議会の合意に達するまでは、現在の幼児教育・保育サービスの週15時間の目標の継続でさえ、2015年以降のことは不確実である。

　オーストラリア労働党政府とのサポートと2012年2月のオーストラリア公平労働審判所による低賃金のコミュニティサービス労働者の賃金引き上げは、幼児教育・保育サービスに関する労働力（ほとんどが女性である）の安全と、その重要性の認識と専門的なキャリアパスを改善するためのもう1つの前向きな一歩だった。

　オーストラリアでは、幼児ケアをする労働者の経験とスキルをよりよく評価して認識し、仕事をうまく遂行するための中心となる忍耐、ケア、共感などの属性を評価し、それらの属性にお金を払うことが今求められている。

　2009年9月、オーストラリア青少年研究連合会議は、「オーストラリアは子供や若者に対して前向きな姿勢を持った文化から学ばなければならない」と述べたコミュニケを発表した。学ぶべきものというのは、高いレベルの子供の福祉を達成した公共政策や、親・介護者・家族への十分なサポートや、子供の貧困のレベルが低いことであり、たとえば、北欧諸国の政策なのである。

　会議はまた、「オーストラリアの国際的地位を北欧諸国によって達成されたレベルに一致するための戦略の重要な要素」を含む、今後20年間の子供と若者の健康と福祉の国際的に比較可能な目標を設定するための戦略を概説した。[32]

　スウェーデンは他の北欧諸国と同様、世界で最も高いレベルの男女平等を達成していると一貫してランク付けされている。男女平等の観点から世界で24位にランクされているオーストラリアを、はるかに上回っている。[33]

32　Communiqué from ARACY conference, Melbourne, 4 September 2009.

33　Ricardo Hausmann, Laura D. Tyson, Yasmina Bekhouche and Saadia Zahidi, *The Global Gender*

第 2 章

　スウェーデンは、他の北欧諸国と同様に幼児教育・保育サービスの政策において、ジェンダーの平等と子供に明確に焦点を当てている。この点はオーストラリアでは欠けている。[34]

　スウェーデンと他の主要な北欧諸国の高い男女平等ランキングは、一部には、指導的地位を含む女性の広範な労働力参加によるものである。OECD のデータによると、スウェーデン、デンマーク、ノルウェーは世界で最も女性の労働力率が高く、フィンランドは 6 番目に高く、オーストラリアは 10 番目に高い。スウェーデン、デンマーク、ノルウェーの女性の労働力率は 75％ を超えているが、オーストラリアでは 70％ を下回っている。[35]

　オーストラリアの全体的な雇用と労働力の参加率は OECD の平均よりも高いけれど、北欧の 3 カ国を下回っている。それらの北欧の国は、全体的な雇用と労働参加率が一貫して最も高いという数少ない国との特徴がある。[36]

　2011 年にオーストラリアで、基本的な全国の有給産休の最終的導入を支えた育児休暇に関するオーストラリア生産性委員会の報告書は、彼らが親になる可能性が最も高い年に、オーストラリアの女性の労働力参加率は、他の多くの OECD 諸国よりはるかに低くなるという証拠を指摘した。報告書は、有給の育児休暇が長期的には著しく高い職場復帰率を促すことを示すスウェーデンの研究からのデータに言及した。[37]

　また別の調査によると、オーストラリアは 25 ～ 44 歳の女性の労働力率について OECD 諸国のうち 20 位にランクされているのに対し、スウェーデンはトップランクの国であることがわかっている。[38]

　市場志向の経済において政府が経済的利益を与えることの結果に関す

　　Gap Report 2013, World Economic Forum, Geneva, 2013, p.8.

34　Deborh Brennan, 'The Importance of High Quality and Accessible Early Childhood Education and Care', p.35.

35　Tiffen and Gittins, *How Australia Compares, Second Edition*, Table 4.5.

36　For recent available data, see *OECD Employment Outlook 2013*, Statistical Annex, Tables B, C.

37　Productivity Commission, *Paid Parental Leave: Support for Parents with Newborn Children*, Productivity Commission, Canberra, 2009, pp. 5.7 - 5.8, 5.31, 5.34 - 5.35.

38　Joanna Abhayaratna and Ralph Lattimore, *Workforce Participation Rates - How Does Australia Compare?,* Staff Working Paper, Productivity Commission, Canberra, 2006, pp.49, 51.

る正統な市場自由主義の考え方とは反対に、より多く有給の育児休暇を取得できることは、実際にはより高い労働力参加率を生み出す。オーストラリアの労働力参加率をスウェーデンと同じ率に引き上げることは、オーストラリアの国民の生産性を大幅に向上させるだろう。すでに有給労働をしている人々にとって、労働を強化させたり、仕事と家族の間の不均衡を強めるたりすることにはならない。

　それはまた、子供の貧困を大幅に削減するであろう。これは、社会政策アナリストのピーター・ホワイトフォード教授が指摘しているように、オーストラリアは「OECD諸国の家族の中で最も失業が集中している国の一つ」であるためだ。オーストラリアでは、「有給の仕事をしていない人の半数は、有給の仕事をしている人が**いない**世帯に住んでいる。…対照的にスウェーデンでは…有給の仕事をしていない個人の4分の1だけが、有給の仕事を誰もしていない世帯に住んでいる」。したがって、「失業は子供の貧困の主な原因であるだけでなく、オーストラリアの不平等の主な原因でもある」[39]ホワイトフォードは、どちらの親も働いていないという家族の割合を、北欧諸国の低い割合に向けて一貫して減らすことそのものが、オーストラリアの子供たちの中の所得の貧困を3分の1まで削減できると計算している。[40]

　スウェーデンの「共稼ぎ」支援政策と福祉国家の雇用志向は、スウェーデンの子供の貧困率が低い主な理由である。OECDは、子供の貧困率が非常に低いすべての国は、有給雇用の形態で働く親の割合が高いことが一つの理由となって、これを達成していることを強調している。

　女性のパートタイム労働の適切な形態と基準を含む高い雇用率は、スウェーデンの子供の貧困を世界で最も低いレベルにまで削減するのに役立つ。最年少の子供が3歳から5歳の子供を持つ母親の就業率は、スウェーデンは世界で最も高く、81.3%である。[41]

39　Peter Whiteford, 'The Central Importance of Parental Employment for Reducing Child Poverty in Australia' in Scott (ed.), *Changing Children's Chances*, pp.47-50 (my emphasis).

40　Peter Whiteford and Willem Adema, *What Works Best in Reducing Child Poverty: A Benefit or Work Strategy?*, OECD Social, Employment and Migration Working Papers, No.51, Paris, 2007, p.29.

41　OECD, *Babies and Bosses - Reconciling Work and Family Life: A Synthesis of Findings for*

スウェーデンのひとり親世帯の親の80％以上も有給雇用であるのに対し、オーストラリアのひとり親世帯の親の有給雇用は60％未満である。[42]

ピーター・ホワイトフォードがこの政策分野について指摘する多くの重要な点の中でも、とりわけスウェーデンと他の北欧諸国の普遍的な福祉国家がすべて雇用志向であることは、「彼らの福祉プログラムは人々の仕事を支援し、仕事をするように要求する」ことを意味する。彼が書いているように「北欧諸国のような失業率の低い国では、公共政策の枠組みは、子供がまだかなり小さい時に母親による有給の仕事への参加を奨励、促進及びこの目的を達成するために時々必要とされるさらなる支援を提供することを基礎としている」。[43]

したがって、スウェーデンではひとり親は有給の雇用に就くことを要求されるだけでなく、有給の雇用に就くことを支援されている。問題はオーストラリアが十分な支援を提供しているかどうかである。

広範な有給の育児休暇、包括的で高品質で手頃な価格の公的幼児教育・保育サービス、およびこれらのサービスが朝早い時間から開始されるので、親がフルタイムの仕事に行く途中で子供を保育所で降ろすことができるという事実に加えて、スウェーデンのひとり親は一連の雇用支援プログラムで支えられている。これらには、給付金受領の初期段階からそれらを必要とする人々が利用できる仕事のマッチング、トレーニング、およびその他のスキルグレードアッププログラムが含まれる。

スウェーデンでは、積極的な労働市場対策への公共支出が比較的高い。これらの支援により、所得支援を受けている親は、幼い子供の世話をしている間でも、計画を立てることなど労働力として社会復帰に集中することができる。[44]

オーストラリアでは有給の仕事をしていないひとり親（それゆえ家族

OECD Countries, OECD, Paris, 2007, pp. 16-17.

42　Whiteford, 'The Central Importance of Parental Employment for Reducing Child Poverty in Australia', p.48.

43　Peter Whiteford, *Family Joblessness in Australia: A Paper Commissioned by the Social Inclusion Unit of the Department of the Prime Minister and Cabinet*, Commonwealth of Australia, Canberra, 2009, pp.26, 59, 61(my emphasis).

44　OECD, *Babies and Bosses*, pp. 87,137.

が失業している）へのアプローチは、既存のわずかな手当の支払いを削減して、彼らを有給の仕事に懲罰的に押し込もうとすることである。その代わりに、スウェーデンのひとり親についての経験から導かれる証拠は、実際の雇用機会の創出、高品質でアクセス可能で手頃な価格の育児ケアの提供拡大、および彼らの不利な状況の特徴を克服するために作られた効果的な職業訓練プログラムを通じて、ひとり親は有給の仕事に参入するために、より多くの支援を必要としていることである。

オーストラリアでは、永続的に失業している家族は、非常に複雑で複数のニーズを持つ傾向がある。彼らは、家庭内暴力やホームレスなど、労働力の参加に対する多くの障壁に直面している。彼らの失業状態は通常世代をまたいでいる。1年以上有給の仕事を休んでいる失業中の親のうち、40％は学校の10年目を終えていない。したがって、彼らは有給の雇用に入る前にいくつかの段階を踏む必要がある。地方公共交通機関の不備と近隣の安全への懸念は、恵まれない地域の失業者の家族が直面している最大の問題の2つである。[45]

『スピリット・レベル』と題する本では、スウェーデンが他の北欧諸国と同様に、オーストラリアのような不平等な国のはるかに高い率と比較して、10代の妊娠率が最も低い国の一つであることを示している。[46]

10代の出生率が高いことへの懸念は、道徳的な保守的な観点から来る場合もあれば、平等主義の観点から来る場合もある。平等主義の視点は、若い女性が子供を産む前に彼らのニーズを満たし、彼ら自身の重要な願望のいくつかを満たすことができること、そして子供が彼らに人生で可能な限り最高のスタートを与える状況に生まれることを確実にすることを目指している。

ウィルキンソンとピケットは、「離婚率が高く、信頼度が低く、社会的結束が低く、失業率が高く、犯罪率が高いコミュニティでは、10代の出生率が高い…特に、不平等な社会は10代の出産に影響を与える」と指摘している。

そのような分野では、「母性は、恵まれない状況にある若い女性が大

45　Whiteford comments in Scott(ed.), *Changing Children's Chances,* p.53.
46　Wilkinson and Pickett, *The Spirit Level*, p.122.

人のソーシャルネットワークに参加する方法である…それは、彼女らが幼い頃から経験した不平等によって形作られた彼女らの生活の社会的スティグマを超越するのを助ける支援ネットワークなのである」。[47]

スタファン・ヤンソンは、貧困で失業率が高く、コミュニティのインフラが弱く、住宅の計画と維持が不十分な地域の親は、より多くの経済的問題にさらされており、児童虐待の他のリスク要因とともに、アルコールや薬物乱用の割合が高いことを強調している。これらの地域の子供たちは将来への信頼が低く、将来の失業のリスクが高くなる。したがって、行う必要があるのは、地域を改修し、サービスとセキュリティを強化し、近所づきあいを強化することだと彼は主張する。[48]

オーストラリアやその他の英語圏の国々は、対象を絞った福祉国家から、スウェーデンやその他の主要な北欧諸国などの普遍的な福祉国家に突然移行することはできない。しかし、最近オーストラリアでは、失業中の家族の不利益の特徴に対応し、それらの家族のメンバーが有給の仕事に移行するのを支援しようとする場所を基盤としたイニシアチブがいくつかある。高い政策優先順位は、それらを調整し、効果的に構築することである。

イニシアチブには 2004 年以降、オーストラリア周辺の 45 の特定の恵まれないコミュニティで実施された予防および早期介入イニシアチブである「子供のためのコミュニティ」（Communities for Children）プログラムが含まれている。5 歳未満の子供とその家族のニーズを満たすために、サービスの調整とコラボレーションを改善するために、コミュニティ組織のパートナーシップを形成している。

このイニシアチブは、参加している子供、家族、コミュニティの成果に大幅な改善が見られたと評価された。これらには、低所得世帯の子供、または母親が 10 年以下の学校教育を受けた子供の受容語彙と言語スキルの向上、および敵対的で過酷な育児慣行の減少が含まれていた。プログラムの結果、少なくとも 1 人の親が雇用されている世帯に住む子供た

---

47 Ibid, pp.121, 125, 128.

48 Staffan Janson, 'An Overview of Nordic Policy for Children: Lessons for Australia on How to Reduce Inequalities', pp. 20-21.

ちが増えるという点でも改善が見られた。

より多くの「到達困難な」家族は、明らかにこのプログラムから同様に恩恵を受ける可能性がある。このプログラムは児童保護サービスによる介入の必要性につながる可能性のある問題の予防を強化したし、家族の関与を増やした。[49]

オーストラリアの 2011 年の国家予算における「オーストラリアの未来の労働力創造」パッケージは、「子供のためのコミュニティ」プログラムを拡張し、地理的な不利益に取り組むための新しい対策を導入した。「失業中の家族を支援する」イニシアチブには、オーストラリアの 10 カ所で 2012 年 1 月からの試行が含まれている。この試行では、どちらも有給の仕事をしていない家族の親が参加計画を立て、必要なスキルを高め、子供を学校へ行かせる準備をするためのサポートを提供する。

これらの試行的イニシアチブには、最年少の子供が 1、2、3 歳のときの両親へのインタビューが含まれ、子供の健康、発達、福祉に焦点を当て、両親が必要なサポートサービスを利用できるようにする。最年少の子供が 4 歳になった後、両親はワークショップに参加して、仕事に戻る準備をし、子供が学齢期に達したときに期待される参加要件を満たすための活動を行う。

これらの試行にはいくつかの実証的要素があり、それらからのデータは将来のイニシアチブにとって情報源として役立つ。ただし、その数と範囲は限られており、またサポートよりも要件が強調されていることに加えて、提供されるサポートの品質にも懸念がある。それにもかかわらず、さらに調整された場所を基本としたイニシアチブは、オーストラリアの子供の貧困を、スウェーデンや他の主要な北欧諸国のような低い水準に向けて減少させるのに役立つ可能性がある。

オーストラリアの失業中の家族には、特定の地域に集中する元製造労働者であった中高年の親が多く含まれる（これからさらに多くの人が含まれ、数が増えることになる）。オーストラリア早期発達指数は、子供

49　COAG, *Investing in the Early Years -A National Early Childhood Development Strategy: An Initiative of the Council of Australian Governments,* Commonwealth of Australia, Canberra, 2009, p.11.

たちが持つ問題が特に地理的に集中していることを明らかにする。したがって、それは失業の集中に取り組むことによって、特定の近隣地域の不利益を克服しようとする地理的アプローチのために、場所に基づく措置を拡張する可能性を開いている。オーストラリア早期発達指数およびその他のデータが不利であると示している地理的地域の人々に対するより大きな支援（および要請）は、それらの地域における将来の場所ベースの介入に取り組むための最良の方法である。

失業などの特定の地域の課題を克服し、オーストラリア政府が作ってきた基礎に積み重ねるために、スウェーデンで実際に成功した地域における多面的な、子供の健康と子育て、雇用プログラムの詳細を参照することは有益である。

これらはオーストラリア早期発達指数や他のデータが良くないと明らかにするオーストラリアの特定の場所において、場所を基盤とする「非常に目的に沿っていて、かつ実験的」な新しいアプローチの導入と試行について情報発信ができる。[50]

オーストラリアは、ひとり親を含む家族のためのキャリアパス、スキル開発、サポートサービスのためのより広範な地域を基盤とするイニシアチブを追求して、失業率の高い地域において失業している家族が有給の仕事に入り、仕事をし続けることに対する障害を克服する必要がある。

オーストラリアでは、仕事と子供の世話をうまく組み合わせることができるように、仕事と生活のバランスを改善したいという強い願望がある。最新の携帯電話などの新技術による侵入により、いつでもメールを送信・閲覧できるようになり、仕事と生活の境界をきちんと決めることが難しくなっている。多くの親は、仕事の心配や気晴らしがその時間に浸透しているために、子供たちとより多くの時間を過ごすことができず、子供たちと一緒にいるときに子供たちに十分な注意を払うことができないという事実を後悔している。

オーストラリアの労働者の少なくとも4分の1は、彼らの生活に悪影響を与える労働からのプレッシャーを経験している。特にフルタイムで

50　Sharon Goldfeld's words in Scott (ed.), *Changing Children's Chances*, p.55.

働く女性は、有給の仕事と他のコミットメントとのバランスを取るというプレッシャーを経験している。フルタイムで働く女性の 10 人に 7 人近くが、「しばしば、またはほとんどの場合、急いで時間に追われていると感じている」。子供がいるカップルはほとんどの場合、労働時間を減らしたいと考えている。

特に就学前の子供の母親の間では、労働者がより柔軟な労働時間を要求できるという 2010 年以降の弱い規定はほとんど知られておらず、効果的に使用されていない。[51]

対照的に、スウェーデンの親は、子供が 8 歳になるまで労働時間を大幅に短縮する権利を法的に与えられている。多くの人にとって、これは彼らの幸福と子供たちの幸福のための強力で絶対に重要な与えられた権利である。

OECD は、オーストラリアが女性も含んで長時間労働が最も一般的である少数の国の一つであるのに対し、スウェーデンおよび主要な北欧の国の親は、実質的な有給の育児休暇、公的幼児教育・保育サービスおよびその他の支援を得られるのに加えて、北欧諸国の労働週数は、OECD 平均よりも短いとしている。[52]

スウェーデンと他の主要な北欧諸国の週あたりの労働時間はオーストラリアよりもかなり短いという事実があり、そこでは親は時間のプレッシャーなしに幼児教育・保育施設から仕事の後に子供を迎えに行くことができる。オーストラリアはおそらく、オーストラリアの長時間労働に合わせて、保育所の時間をより柔軟にするように動くだろう。夕食前に親が幼児教育・保育施設から子供を迎えに行くこととの互換性を含めて、労働時間を短くし、家族生活との互換性を高める方がよいだろう。

オーストラリアで起こっている規模での仕事と家庭の境界の崩壊は、かなりのそして増加する無給労働につながっている。オーストラリアでは現在、300 万人以上の労働者が仕事のストレスのために睡眠を損ねている可能性がある。「現在の労働環境は、多くのオーストラリア人の高

51　The data in this paragraph draw on Skinner, Hutchinson and Pocock, *The Big Squeeze*, 2013, pp.3, 7, 11, 36-37, 71.

52　OECD, *Babies and Bosses*, pp.174, 171.

レベルのストレスと不安、睡眠喪失とうつ病の原因となっている。これは彼らの健康、家族生活、人間関係に悪影響を及ぼしている」。皮肉なことに、実際には「経済的生産性を高めるための国家目標」を達成する上での障害となっている。[53]

したがってオーストラリアは、雇用形態においてより家族や子供への配慮、そしてより良い仕事と生活のバランスを達成するために、労働市場のさらなる規制、特に労働時間の規制について再度議論する必要がある。

オーストラリアの政策立案者は、子供たちにもっと高く価値を置き、彼らのニーズを政策の中心に据え、それに対応して政策を変更するべきである。オーストラリアの人々は、その社会的および経済的利益の明確な証拠が示されれば、そのような政策変更を支持するだろう。子供への身体的暴力についてスウェーデン人の態度で起こったように、政策を通じて価値観が変わることは起きる。

多くのオーストラリア人が子供について高い価値を置いていることに対して、オーストラリアの現在の政策では適切に表現されていない。ある国は、他の国の前向きな価値観や政策の比較研究から学んで、変化していける。

北欧諸国の生産性志向の文化は、仕事が良いこと、仕事が楽しくなければならないこと、そして仕事は人生の他の主な移ろいとバランスを取れるべきだという前提に基づいている。子供は明らかに重要な事柄の一つである。

スウェーデンは他の主要な北欧諸国と同様に、何十年にもわたって着実な漸進的な努力を通じて、子供たちのための政策の成功を達成してきた。オーストラリアは最近、国際的に確固とした証拠に基づいて、子供のためのより積極的な政策を策定し始めた。オーストラリアはこれを継続し、特にスウェーデンの公的で質の高い幼児教育・保育サービスへの強力な投資、豊富な有給育児休暇および労働時間の効果的規制の経験から学び、利用していく必要がある。

---

53 Prue Cameron and Richard Denniss, *Hard to Get a Break? Hours, Leave and Barriers to Re-entering the Australian Workforce*, The Australia Institute, Canberra, 2013, p.1.

これらの政策は、仕事と家庭のバランスに適した安全な仕事を促進し、女性の労働力参加を促進し、子供を持つ家族の失業を減らす。アボット政権下では、オーストラリアの幼児教育・保育の質向上についての試行的な進展が、コストを節約するために覆されることが懸念されている。まだオーストラリアはスウェーデンが費やす額のわずか4分の1を費やし、OECD平均の半分を幼児教育・保育サービスに費やしているだけなのだ。[54] オーストラリアの子供の貧困を減少させるためには、少なからず、より多くの幼児教育プログラムへの投資を行う必要がある。

　アボット政府は幼児教育・保育サービスへの新しい生産性委員会による見直しを設定したが、その変更は現状の予算設定値の範囲内とされたことから、これは当初から限定的なものであった。

　見直しでは、オーストラリアで試すのに適している可能性のある海外でのアプローチを検討するよう求められたが、ここでの関心はスウェーデンや他の主要な北欧諸国が採った子供たちのためのはるかに成功した政策アプローチを検討することよりも、むしろニュージーランドの先例である、家庭内の「乳母」の育児への関与に対して向けられた。

　トニー・アボットの中道右派政府がオーストラリア労働党に対して発した難問は、彼の性格からはふさわしくない動きなのだが、より豊富な有給育児休暇を導入することだった。それはその計画を「中流階級クラスの福祉」として非難してきた労働党は、うまく対応してきていない。

　スウェーデン社会民主労働者党が40年間それに配慮してきたように、豊富な有給育児休暇は、職場での権利と見なされるべきだ。より豊富な育児休暇を「百万長者への施し物」として非難するオーストラリア労働党の誇張されたレトリックは、資力調査をしない育児費払い戻し（チャイルドケアリベート）、病気休暇、年次休暇、長期休暇、および国民皆保険（メディケア）という独自の（そして正しい）政策と矛盾する。

　アボット政府の政策は、とりわけ高所得者に確かに利益をもたらすだろう。しかし、より普遍主義的な取り決めはすべてそうなのだ。誰が政策を開始したかに関係なく、ここでは普遍主義の原理を支持する必要が

54　OECD, *Starting Strong II: Early Childhood Education and Care*, p.105.

第 2 章

ある。メディケアを侵食し、オーストラリアのすでに最小限の福祉国家をさらに縮小する可能性のある行動に反対することについては、普遍主義の原理を同じように支持する必要がある。

もし政府が育児費払い戻し（チャイルドケアリベート）を家庭での「乳母」の関与に拡大する、あるいは新しい助成金をそのために作る提案をするとした場合、これは幼児教育・保育の施設において生じる他の子供達と早い時期に交じって過ごすという価値のある社会学習の利点をもたない。より広範な有給の育児休暇制度が、幼児教育・保育サービスの削減または逆進財・サービス税の増加によって支払われる場合、それはそれらの削減であり、有給の育児休暇制度自体が拡大されるのではなく、これらの措置を資金源として使用することは反対されるべきだ。

子供の貧困レベルが低く、先住民と非先住民の子供の健康状態の違いが最小限であるにもかかわらず、マルメ大学のタピオ・サロネン教授がセーブ・ザ・チルドレン・スウェーデンのために作成したレポートによると、スウェーデン国内の移民家族の子供は、スウェーデン出身の子供たちよりもかなり高い率で貧困である。[55]

この不平等を克服することは、より成功した移民の「統合」のためのより全般的なチャレンジに向き合うスウェーデンの一面であり、子供たちのためにスウェーデンが果たした卓越した世界をリードする役割の積み上げの一部であるに違いない。

55　Tapio Salonen, *Barnfattigdom i Sverige*, Rädda Barnen, Stockholm, Årsrapport, 2013, p.20.

第3章
1990年代からのフィンランドの学校の大成功

　スウェーデンで幼児期の労働者が評価されているのと同様に、フィンランドでは一般的に学校の教師が評価されている。教育の専門職を適切に評価することは、生徒の学習到達度の国際プログラム（PISA）におけるフィンランドの非常に高い地位の重要一つの説明となる。これらの評価は2000年から3年ごとに実施され、結果が発表されている。フィンランドの学校教育へのアプローチは、21世紀初頭から、PISA評価におけるフィンランドの並外れた結果が報告され始めて以来、国際的な関心をかなり集めてきた。

　フィンランドは専門職に就くために少なくとも5年間の厳格な研究を含む、研究に基づく修士号の要件を含む行動を通じて、その専門職の社会的地位を非常に高いレベルに引き上げた。

　学位は、将来のフィンランド人教師が教育に関する研究課題を設定し、この課題に関する情報を探索し、その結果を整然とした分析をして修士論文として展開することで最後を締めくくる。

　これは、彼らが教える特定の主題についての最近の研究の進展についての深い知識だけでなく、一般的な教育と学習に関する研究の進歩に深く知識を得るのに役立つ。[1]

　フィンランドでは、教師教育の学位への入学について非常に厳格な品質管理が行われている。教員への応募者の10人に1人程度しか受け入れられない。彼らが受け入れられるかどうかの判断は、彼らの性格とコミットメント、そして彼らの学力によって決定される。「教師候補者は、

1　Hannele Niemi, 'The Societal Factors Contributing to Education and Schooling in Finland' in Hannele Niemi, Auli Toom and Arto Kallioniemi (eds.), *Miracle of Education: The Principles and Practices of Teaching and Learning in Finnish Schools*, Sense Publishers, Rotterdam, 2012, pp. 32-33.

ある部分、フィンランドの公教育の中心的使命に対する信念を伝える能力に応じて選ばれる」。この使命は、「市民的および経済的であるだけでなく、深い人間性が関わるものである」。[2]

したがって、教職に就くことを選択したフィンランド人は、若者の生活に変化をもたらし、若者の未来を形作ることに非常に情熱を注いでいる。彼らは教えることを単なる仕事とは見ていない。それは何か他に好きなことをする代わりなのである。

しかし、英語圏で最もよく知られているフィンランドの教育専門家であるパジー・サルバーグ博士によると、教師の教育を改善し、学生の入学要件を引き上げるだけでは十分ではない。フィンランドの経験は、学校において、教師が専門的職業人として働く環境を提供することがさらに重要であることを示している。サルバーグは、フィンランドの教育の成果を説明する際に、「優秀な教師による日々の貢献」という一つの要因が、他のすべての要因を圧倒していると考えている。

それらの教師が働く環境は、生涯のキャリアとして教えるという理想を維持するために、職業に入る人々の威厳を保障しなければならない、と彼は主張する。

才能のある人々を学校の教師に引き付けるためには、教室での授業と、学校における他の専門職との協力ということの間で、教師の仕事のバランスを取ることが大切である。

これは、チームワークを破壊する傾向がある個々の教師に、パフォーマンスベースの賃金を課すことによっては実現しない。代わりにフィンランドの学校の教師や指導者にとって、「尊重されてかつ面白い」労働条件が体系的に開発されてきた。これには、教師が自分の創造的なイニシアチブを開花させる自由を与えることが含まれる。[3] 対照的に、オーストラリアでは、学校の教師は彼らが値する専門家としての尊敬のレベルを与えられていない。それどころか、彼らは非常に頻繁に厳しく不当

2　Andreas Schleicher, *Building a High-Quality Teaching Profession: Lessons from around the World*, OECD, Paris, 2011, p.17.

3　Pasi Sahlberg, *Finnish Lessons: What Can the World Learn from Educational Change in Finland?* , Teachers College Press, Columbia University, New York, 2011, pp.70, 12, 7, 94.

な批判の対象となっている。

　オーストラリアは、学校の教師になる資格を得るために、現在の典型的な4年の要件ではなく、新しい5年の要件に向けて教職に就くための仕組みを固めるべきである。入学基準を引き上げるだけでなく、オーストラリアで継続的な学校教師の専門能力開発の機会を増やすことが急務だ。オーストラリア教育連合のスーザン・ホップグッド連邦長官は、フィンランドへの訪問とそこでのカウンターパートとの緊密な接触に基づいて、フィンランドで学校の教師が「キャリアを通じて積極的な学習者になることを、どのように奨励されているか」を観察した。

　対照的にオーストラリアでは、これをサポートする体系的なプログラムやリソースはない。「フィンランドでは、彼らは教師が常に自分のスキルと知識を向上させることを、教師の仕事の中心的な部分と見なしている、そして教師はそれを集団として行う。学校ではそれに対して非常に平等で合議的なアプローチがある。それはすなわち、教師が一緒に働くことである。お互いの教室に出入りできてとてもうれしいという印象を受けた」と彼女は言う。[4]

　フィンランドでは、学校も非常によく設計され、リソースが豊富で、優れた、手入れの行き届いた施設があり、刺激的でやりがいのある職場となっている。フィンランドの学校には、オーストラリアで最も裕福な有料の私立学校のいくつかで利用できる贅沢はないかもしれない。ただし、フィンランドの学校のほとんどの教師は、オーストラリアのほとんどの学校の教師よりも、整備の行き届いた施設を含め、より良い状態で仕事をしている。

　フィンランド中部の都市ユヴァルスキュラにあるシグネウス高等学校の校長、アリ・ポッカは、「通常、フィンランドでは、新しい学校を作ったり、古い学校を更新したりすると、教師と校長は学校をどのように建てるかについて多くの意見を言うことがある。どんな外観にするか、設備機器をどうするか、建築スタイルは何であるかというようなことだ」と助言する。彼はまた、教師は実際に建物を建設する人々とも協力

4　Interview with Susan Hopgood, Federal Secretary, Australian Education Union.

していると付け加えた。たとえば、彼の学校の新しい建物の現在の計画
では、彼とその同僚は、化学の授業中に太陽光発電の使用を実際に示せ
るように手配している。

　ポッカは、フィンランドの学校では、学校が自律的なので学校ごとに
文化が異なるというだけでなく、教室などの学校の建物は、教師が中の
ものにどれほど手を入れたかを反映するものでもあると強調する。「教
育学的アプローチ、つまり子供たちと一緒に働く方法というのは、環境
を計画し、それを学習や教育に使用する方法でもある」。[5]

　これらの点と、第1章で説明した1960年代からオーストラリア人の
関心を集めたノルウェーおよびスウェーデンの作業設計イニシアチブと
の類似性は、興味深いところである。

　フィンランドはオーストラリアよりも著しく多くの教育費を費やして
いるわけではない。オーストラリアの国内総生産に占める教育への国家
支出は6.1％であり、OECD平均の6.3％を下回っている。フィンランド
は6.5％を費やしている。これらはそれほど重要な違いではない。しか
し、教育に対するさまざまな国の支出のうち、オーストラリアでは公的
支出は75％しか占めていないが、OECDでは平均して85％以上を占め
ている。フィンランドにいる間、公的支出は98％以上を占めている。[6]

　これらは非常に重要な違いである。最も重要なことは、**フィンランド
では私立学校が学費を請求することは許可されない**点で、これはオース
トラリアとはまったく異なる。一方、オーストラリアは、私立学校に
送金される多額の政府資金において、OECDの他のほぼすべての国と
はまったく異なり、その多くは学生に非常に高い学費を請求している。
オーストラリアには非常に分割された学校教育システムがあり、歴史的
な政治的理由から政府が資金を提供している非常に裕福な私立学校がた
くさんある。

　多くのオーストラリア人は、原則としては子供を地方自治体の学校に
通わせたいのだが、しかしながら実際には、自分の子供には可能な限り

5　Interview with Ari Pokka, Immediate Past President of the Finnish Association of Principals
　　(SUREFIRE) and president-elect of the International Confederation of Principals (ICP).

6　All figures computed from OECD, *Education at a Glance 2013*, OECD, Paris, 2013, p.193.

最高の教育を受けさせる必要がある。そのため、賄うのが難しいような
額であっても、学費を払って子供を私立学校に送るのだった。

　そのため公立学校制度は、ますますその他の残り物になっている。対
照的にフィンランドは、私立学校が学費を請求することを違法にするこ
とにより、非常に強力で包括的で質の高い公立学校システムを維持して
いる。

　フィンランドの学校の教師の典型的な給与レベルは、オーストラリア
の学校の教師と似通っている。[7]

　スーザン・ホップグッドは、フィンランドでは、「若者は給料のため
に教えに行くのではなく、彼らが面白いものと高く評価されている職
業であるために教えに入る」と信じている。しかし、「教師の給与は、
フィンランドの似たような職種、職業とだいたい同じ」という事実もあ
る。[8] これは、フィンランドが国として全体に比較的平等であることを
反映している。

　これは、2012年にオーストラリアの生産性委員会によって明らか
にされた、教師の給与とオーストラリアの他の専門職との間に生じた
ギャップとは対照的である。[9] フィンランド人の顕著な教育的成功の根
本的な理由は、学校の公的資金に対する彼らの平等主義的なアプローチ
である。

　PISA の結果が示すように、1990年代以降のフィンランドの目覚まし
い成功の基盤は、1970年代から実施された学校の制度改革によって築
かれた。フィンランドではその10年間に、総合学校（peruskoulu）が
導入された。それは既存のグラマースクール、市民学校、小学校をすべ
ての地域の9年間の学校に統合し、その特定の地域に住むすべての若者
が通っている。

　一部の民間企業の雇用主と右翼的イデオロギーによるフィンランドで
の総合学校の創設に反対する強力なキャンペーンがあった。それらは多

7　OECD, *OECD Education at a Glance 2012*, OECD, Paris, 2012, pp.294-316.

8　Hopgood interview.

9　Productivity Commission, *Schools Workforce*, Research Report, Productivity Commission,
　Canberra, 2012, p.57.

くの有料の私立学校を求めていた。[10] なので、成功を収めた今日のフィンランドの平等主義教育アプローチは、それはただ起こっただけではなかった。それどころか、それは政治的に戦わなければならないことだった。

2012年にオーストラリアの学校長が実施したフィンランドへの大規模な視察旅行に参加した22人のメンバーの1人、フランク・サルはフィンランドでは、子供を地元のコミュニティ公立学校に送らないことを検討するかどうかを尋ねたとき、両親は困惑したと述べた。フィンランドにあるすべての学校は高く評価されており、保護者は子供たちが地元の地域の外にある格上と認められるような学校へ入学するというオプションは持っていないのだ。[11]

すべての国で、保護者の職業や家庭環境などの学校外の要因が、学校の生徒の成績のばらつきの多くを説明する。それにもかかわらず、学校と教師たちは、到達度についての残るバリエーションに違いをもたらすことができる。これを学校が行える一つの前向きな方法は、社会経済的背景が混在する生徒を集めることである。

PISAの結果から作られたさまざまなOECDの報告書は、フィンランドの成功から、いくつかの驚くべき事実と英語圏の国々にとっての厳しいメッセージを明らかにしている。たとえば2009年のPISA調査では、学校間の読書パフォーマンスのばらつきは、オーストラリアの30％以上と比較して、フィンランドでは10％以下だった。

学生と学校の社会経済的背景の影響によって説明された読書パフォーマンスの変動は、フィンランドでは30％以下であったが、オーストラリアでは70％以上だった。[12]

一方、2012年のPISA調査での学校間の数学の成績のばらつきは、オーストラリアでは30％以上であったのに対し、フィンランドでは6％

10　Sahlberg, *Finnish Lessons*, pp.128, 109, 21, 121, 124, 126, 127, 135.

11　Frank Sal, 'Observations and Reflections from Finland Learnings', typescript document, 2012. Frank is President of the Victorian Association of State Secondary Principals.

12　OECD, *PISA 2009 Results: Overcoming Social Background: Equity in Learning Opportunities and Outcomes*, OECD,Paris,2010, pp. 85, 89.

を僅かに上回る程度だった。[13]

　これらの結果はオーストラリアの教育システムが、OECD の中では最も高度に社会経済的な区別によって分離されている事実を反映している。

　オーストラリアの私立学校に通う学生の割合は、社会経済の最上位の4分の1では60％であるの対して、社会経済の最下位の4分の1ではわずか20％にすぎない。オーストラリアの恵まれない生徒の60％近くが恵まれない学校に通っているが、恵まれた学校に通っているのは10％以下である。[14]

　資金の豊富な私立学校、またはオーストラリアの社会経済的に高い地域にある公立学校の生徒は、生涯にわたる恩恵と優れた教育を得ることができるが、これはほとんどの若いオーストラリア人には与えられないものである。

　オーストラリアにおける学校間の社会経済的不平等について重要なことは、職業教育が二流として位置付けられ続けている点である。対照的にフィンランドには、平等に利用できる高等中等教育における一貫した職業教育の機会がある。

　当時メルボルン大学教育大学院の研究員（現在は教授）であったスティーブン・ラム博士は、2008 年に学校を基本とする職業教育と訓練について多くの国で調査研究をした。彼の調査によると、フィンランドのように職業に対応して作られた独立した職業教育プログラムを実施している国では、学校の修了率が非常に高く、OECD 平均をはるかに上回っており、資格なしで学校を卒業する学生の数が最も少ないことがわかった。

　彼らの学校を基本としたコースは2年から4年続き、いくつかのコースは大学への道を提供する。対照的にオーストラリアにはアメリカと同様のシステムがあり、学生は一般的な高等学校のカリキュラムの一部として、職業教育の科目またはユニットのメニューから選択できる。学

13　OECD, *PISA 2012 Results: Excellence through Equity: Giving Every Student the Chance to Succeed*, OECD,Paris,2013, p.47 (Figure II.2.7)

14　OECD, *Equity and Quality in Education: Supporting Disadvantaged Students and Schools*, OECD, Paris, 2012, p.66 (Figure 2.2) and p.109 (Figure 3.4).

生は、職業教育の科目を何もしないか、好きなだけ行うかを選択できる。これにより、各学校、州、および地域で職業学習の強度のレベルが異なる。

　PISA の結果によると、職業教育システムについて、学生が科目や単元を選択してセットにする仕方ではなく、学生が職業教育を学習コース全体として選択する方が、学習と達成度の基準が高くなっている。当時、オーストラリアの学生のうち、主に職業教育コースを受講していたのはわずか 14％だった。[15] フィンランドの高等学校で、フルの職業教育コースに在籍している生徒の割合は、現在 40％を超えている。[16]

　ラムは後にこの研究について入念に説明している。「フィンランドでの基礎教育（9 年制の総合学校を意味する）の完了は、高等学校での一般教育または職業プログラムの選択につながる。両方とも 3 年の期間であり、学習の修了は高等教育に応募する資格を提供する。1980 年代と1990 年代においてフィンランドは、学生を学校に留まらせる励ましの手段として、主に職業教育に焦点を当てた高等中等教育プログラムの提供について、多くの教育改革を実施した」。

　ここでは、「高等中等教育課程において職業教育プログラムが分離された形で提供されているが、これらのプログラムは、学術および一般教育とのつながりを維持していて、高等教育への開かれた道を維持している」。その例は、「最高の達成レベル」に到達したフィンランドを含む北欧のいくつかの国にある。決定的なことは、これらの国々が「そのような職業教育プログラムと、アカデミック教育または一般教育との間の移動を許可している」ことによるのである。[17]

　2012 年のオーストラリアの学校長によるフィンランドのスタディツ

15　Caroline Milburn, 'Trades Face "Class" Divide', *The Age*, Melbourne, 2 March 2009.
　　For further details, see Stephen Lamb, 'Successful Provision of VET in Schools: Overseas Approaches', *VOCAL: The Australian Journal of Vocational Education and Training in School*, Vol.7, 2008-2009, pp.117-121.

16　Finnish National Board of Education, information at http://www.oph.fi/english/education_system/upper_secondary_education_and_training.

17　Stephen Lamb, 'Pathways to School Completion: An International Comparison' in Stephen Lamb, Eifred Markussen, Richard Teese, Nina Sandberg and John Polesel (eds.), *School Dropout and Completion: International Comparative Studies in Theory and Policy*, Springer, Dordrecht, 2010, pp.55, 69, 60-61.

アーのもう一人のメンバーは、メルボルンの社会経済的には恵まれない西部郊外の中心部にあるサンシャインカレッジの校長であるティム・ブラントだった。彼は同様にフィンランドで、「学生が職業高等学校、一般高等学校、または音楽、言語、スポーツなどの専門分野の学校のどれかに入学する方法」に感銘を受けた。

　フィンランドには自然科学または数学を専門とする他の高等学校がある。ブラントはまた、「すべての高等学校が十分なリソースを備えており、総合大学か工科大学に進学する道がある。学生がコースを変更したい場合は2つのストリームを切り替えることができる」ことも観察した。

　さらに、「一部の自治体では、専門学校は、より主流の普通科高校よりも入学が困難である。もし、子供たちの個々の才能のためのコースが必要なことに同意するのなら、商売人になりたいという子供たちの才能を無視はできない」とブラントは言う。

　彼は、オーストラリアがその道をたどりたい若者たちに同じような支援をしていないのは残念だと考えている。「私たちはフィンランドで私たちが目撃したレベルに到達したいと思っている。フィンランドでは、10年生が商売をすることを熱望している場合、学校の成績が良くないという理由でどこかで投げ出すだろうとは見られていない」。それでブラントは、2008年にサンシャインカレッジの10年生に同様の進路を設定した。ビクトリア大学（この大学もメルボルン西部の郊外にある）と協力して、学校はそのキャンパスの一つに現在のハーベスター・テクニカルカレッジを設立した。

　この取り決めにより、150人以上の学生が学校に滞在し、10年生、11年生、12年生の間に、学校のスタッフ、大学、その他の高等教育機関が提供する技術継続教育（TAFE）コースを学ぶことができる。ブラントによれば、「一部の若い子供たちは、いきなり技術継続教育コースに行き、自分自身でコースを始めるのは難しいと感じている。彼らは結局、中退してしまう。ですから、私たちは彼らをサポートするために学校環境の安全性を備えたキャンパスでこれを行おうとしている」。[18]

18　Caroline Milburn, 'With an Eye on the Finnish Line', *The Age*, Melbourne, 4 June 2012; interview with Tim Blunt.

第3章

　サンシャインカレッジのイニシアチブは、公立ではない学校を含む他の学校から何百人もの若者を引き付けた。他の学校では、配管、電気、大工仕事、工学などの手作業仕事を含めた職業学習への若者の関心を満たしていなかった。

　これは、10、11、12年生の一般教育に対する、真に平等であるが異なる選択肢としての職業教育を体系的に支援するというレトリック、それはオーストラリアの歴代の連邦政府が失敗してきたことだが、に基づく大きな達成なのである。このイニシアチブをオーストラリアでより広く普及するためには、政府は職業教育をフォローし、体系的なサポートを提供する必要がある。

　「フィンランドで気付いたのは」とブラントは言った。「施設と設備はTAFEと同等であり、ただ素晴らしかった。高校にいて職業教育の機材を見ているなんて信じられなかった」[19]

　フィンランド中部の都市にある職業高等学校であるユヴァスキュラカレッジの車両技術教育エリアに行ったとき、私自身も同様に感じた。高等学校の敷地の床にはたくさんの自動車があり、毎年、10、11、12年生の約200人の学生が、車両技術に専念することを選択し、職業上の上級中等教育卒の資格を獲得する一環として自動車整備士の資格を取得している。10年生では、オイル交換など、車の整備に関する基本的なスキルを習得する。11年生では、ブレーキのチェックやホイールアライメントの実施など、乗用車と大型トラックの両方の修理を学ぶ。12年生では、彼らは電子機器に焦点を合わせる。学生たちが取り組んだプロジェクトの一つは、分解された古い車両から完全に機能するレーシングカーを作成することだった。生徒たちは教師と一緒に、学校から実際の自動車修理店を経営しており、技術的およびビジネス的スキルの開発の一環として、地元の顧客から支払いを受けている。自動車修理工場が提供するサービスには、自動車エンジン全体の交換が含まれる。一方、ロジスティクスの学習の一環として、これらの学生はフォークリフトを安

19　Blunt interview. The study tour was by Australian primary and secondary school principals of government schools: members of the Victorian Principals' Association, which covers primary school principals, and the Victorian Association of State Secondary Principals.

全に操作して車両の車輪を倉庫の保管場所に輸送する方法を学ぶ。ユ
ヴァスキュラカレッジの職業高等学校の資格は、実地学習と起業家精神
の勉強に重点を置いている。言語、数学、物理学と化学、健康教育、芸
術と文化を含む一般的科目構成も手厚くなっている。[20]

　フィンランドの専門学校の設備への大規模な政府の投資は、オプショ
ンとしての魅力を高めるのに役立つ。それは、第一に、才能のある若者
にとっては、手作業の仕事から得られる良い生活があるという信念に基
づいている。

　第二に、そのような才能を持つ若者は違った道に押し出されるべきで
はないという信念に基づいている。それは彼らが高等中等教育に興味を
失ったことを意味する。これは、フィンランドがすべての若者を公式の
学校教育に居続けさせ続けるうえでの、すべての課題を解決したことを
意味するものではない。

　アカデミック学習において、女子が男子よりもだんだん成績が良く
なっていることについて話し合った件には、何人かの政策立案者から注
目が集まった。[21] 今日の若者が学校の授業以外の時間を電子機器であん
なにも過ごしている現実において、学校が伝統的な授業法をより適応さ
せる必要性にも、同様に注目が集まった。

　しかし、フィンランドはこれらの課題に対処するためにほとんどの国
よりもはるかに良い位置にある。その理由を付け加えれば、フィンラン
ドには生徒のための包括的なキャリアアドバイスのシステムがあり、そ
れは7年生に始まり、学生が高等中等教育の専門分野の選択をする準備
をするにつれて8年生で強化されることである。「学生が将来の勉強に
ついて決定を下し、どのような選択をしたとしても、将来の前向きな選
択肢がないままにされないようにする支援がある。何十年もの間、アマ
ティスタルティ・プログラムは、9年制の総合学校を修了して、キャリ
アの選択についてまだ決定を下していない人々を支援してきた。

20　My 2014 visit to the staff and facilities of Jyväskylä College was kindly coordinated, and
　　detailed materials provided to me, by Aino Malin, International Affairs Manager of the
　　municipality-owned Jyväskylä Educational Consortium.

21　For example, in my interview with Ritva Semi, Special Adviser, OAJ(the Trade Union of
　　Education in Finland).

これにより建設、金属加工、機械など高等中等職業教育および訓練のさまざまな分野を数カ月間試してから、最終的な決定を下すことができる。このプログラムはまた、彼らの学習スキルを向上させ、彼らの知識ベースを拡大するためのサポートを提供する。[22]

ステファン・ラムの調査によると、フィンランドでは20～24歳の者で高等中等教育修了の資格を持っていないか、教育や訓練を受けていないのは10%未満であった。さらに…フィンランドは一般的および学術的経路からの卒業率が比較的高く、高等教育への入学率が高い…。これは20%…OECD平均を上回っている」。ラムは、資格を取得せずに学校を卒業する学生の割合を比較しており、それによればオーストラリアでは、中退率は約30%…一方、フィンランドではそれは約10%である。[23]学校間の社会経済的不平等が国全体の教育パフォーマンスを損なうという事実は、オーストラリアとフィンランドの結果をさらに比較することではっきりと見ることができる。

25歳から64歳までのオーストラリア人の30%近くが高校の卒業証明書を取得していないが、フィンランドでは取得していないのは20%未満しかいない。[24] 2009年において読解力のベースラインレベルを達成できない15歳の生徒の割合は、オーストラリアはフィンランドのほぼ2倍であった。[25] 2012年のPISA調査の結果では、オーストラリアは数学、科学的リテラシー、読解力においてフィンランドに引き続き上回られた。[26]

2007年にオーストラリアでラッド労働党政権が選出されたとき、それは「教育革命」を約束した。長い間物理的に荒廃した状況に悩まされ、改修資金がしばしば欠乏していたオーストラリアの政府の小学校に多額

22　See the Finnish National Board of Education's publication 'Preparatory Instruction and Guidance' downloadable from http://www.oph.fi/english/publication/brochures.

23　Lamb, 'Pathways to School Completion', pp.61, 63.

24　OECD, *Equity and Quality in Education: Supporting Disadvantaged Students and Schools*, 2012, p.19 (Figure 1.4).

25　OECD, *PISA 2009 Results: Learning Trends: Changes in Student Performance Since 2000*, OECD, Paris,2010, pp.42, 43.

26　Sue Thomson, Lisa De Bortoli and Sarah Buckley, *PISA 2012: How Australia　Measures Up: The PISA 2012 Assessment of Students' Mathematical, Scientific and Reading Literacy*, Australian Council for Educational Research, Melbourne, 2013, pp. xiii, xiv, ix, xi.

の資金を振り向けるなど、いくつかの措置は前向きであった。しかし、裕福な私立学校とは異なり、公立学校の何十年にもわたる怠慢と相対的な資金の減少を是正するためには、より多くの金額が必要だった。

　教育学教授のボブ・リンガードは、2007年に選挙で選ばれたオーストラリア労働党政府が政策のアイデアを海外に見出そうとしたとき、「イングランドとアメリカ、特にニューヨーク市」のケースから、教育上の「説明責任」を強化しようとするのは考えるのも奇妙なことだったと指摘した。そこでは、教育上の説明責任とテスト改革が…破滅的な批判にさらされていたというのが事実だった。リンガードは、なぜこれらの英米諸国が「参考となる社会」のままであるのかを疑問に思った。それは、各国の学校システムの測定の国際的空間が創られたことによって、フィンランドなどの新しく重要な参考となる社会が形を現したときである。リンガードはまた、ラッド政府のいわゆる教育改革は、新自由主義と社会民主主義の願望という相反することの混ぜ合わせであると懸念した。[27]

　オーストラリア労働党政府の教育政策における新自由主義的要素の一つは、オーストラリア全土の3年目、5年目、7年目、および9年目の国家評価プログラムである読解力と計算力のテスト（NAPLAN）の強調だった。もう一つは、「マイスクール」のウェブサイトのランキングだった。学校間の社会経済的不平等に鈍感でいて、競争をあおる「リーグテーブル」の編集を促進するものであり、政策のこれらの要素は新自由主義的だった。これらの「リーグテーブル」の公開は、学校に入学した生徒が被っている不平等から来る不利を克服するために、多大な献身と能力を持って働く学校の教師に対する不当な批判につながる。

　NAPLANテストは、外部の標準化された大規模な全国テストの例であり、学校の生徒の間で多くの不必要で役に立たない不安や恐怖さえ引き起こすが、教育上の利益はほとんど、またはまったくないのだ。

　このような評価は、学生の学ぶ目的に沿って教師が教えるのではなく、特定のテスト要件を満たすために教えることにつながる。狭い範囲のテ

27　Bob Lingard, 'Policy Borrowing, Policy Learning: Testing Times in Australian Schooling', *Critical Studies in Education*, Vol.51, No.2, 2010, pp.143-144, 132.

ストで実行するように若者に多くの圧力をかけることは、人生の課題に
十分に備える方法で学ぶことを若者に奨励することとは非常に異なる。
このようなテストは、ウィルキンソンとピケットが『スピリット・レベ
ル』で議論したように、「不平等」がどのように評価への不安を高める
かの明確な例となっている。[28] フィンランドにはそのようなテストはな
い。

　つまり、フィンランドの総合学校には、外部の標準化された大規模な
競争的学力テストはない。フィンランドでの生徒の学習の評価は、その
代わり学校レベルで教師が作成したテストに基づいている。通常、フィ
ンランドの生徒は、5年目または6年目以前に生徒同士を直接比較でき
るような数値の成績を使用して評価されることはない。その場合、記述
的評価とフィードバックのみが用いられる。フィンランドでは、「好奇
心を高めたい」場合は「質問を許可する」べきであり、「学習者の自信
と学習意欲を強化する」という原則に従って評価が行われる。

　「建設的で正直なフィードバックを与える」こと、そして「学習者
に屈辱を与えたり、見下したりしない」ことが重要とされる。同様に、
フィンランドは現在、「学習の評価から学習のための評価および学習と
しての評価に向かって」さらに移行しようとしている。個人や学校コ
ミュニティ全体による「平和」と「内省の重要性」の中で、「急がない
ペース」で学習することを強調している。[29]

　2012年にフィンランドを訪問したオーストラリアの校長団は、「フィ
ンランド人は学生が知っていることをわかりたい」のであって、「オー
ストラリアのような窮屈な3時間の試験で、どれだけ得た知識を理解
しなくともそのまま吐き出すか」のではないとコメントした。[30] サル
バーグは、「テーマ別評価、反省的自己評価、創造的学習の強調により、
フィンランドの教育システム内で相互信頼と尊重の文化が確立された」
と述べ、そこでの教師は「診断的、形成的、成果および総括的評価の組

28　Wilkinson and Pickett, *The Spirit Level*, pp. 43-44.

29　Irmeli Halinen, 'Curriculum Reform in Finland' at http://www.oph.fi/ download/151294_
　　ops2016_curriculum_reform_in_finland.pdf.

30　Australian School Principals' Report of their 2012 study tour of Finland, typescript document.

み合わせ」を用いていると記す。[31]

　オーストラリア読解力教育者協会は、2014年の超党派の上院委員会に、「NAPLANは診断テストを目的としており、テストそれ自体の性質によって、形成的評価と同様な種類の診断結果を提供するものではない」とアドバイスした。形成的評価とは、「生徒の柔軟性を築き、学習がうまくいく教室文化をサポートするためにどのように改善できるかについてのアドバイスとともに、生徒に勉強の質に関する具体的なフィードバックを提供する」。[32]

　フィンランドには外部により標準化された全国的な学力テスト競争はないが、フランク・サルはオーストラリアよりも頻繁な教室テストに注目した。[33] 5年生または6年生以降は数値の成績が使用される。さらにフィンランドでは、高等学校は9年生に取得した基礎教育証明書の理論科目について、個々の生徒が達成した成績に基づいている。[34] 9年生は、選択する専門分野を持つ高等学校に進学するのに必要な基準に学生が到達するための重要な年である。

　全国の入学試験は、一般的な高等中等教育の終わりに（つまり、職業高等中等教育を選択しない人のために、12年目に）行われる。ただし、これはフィンランドの学校の生徒が受ける唯一の全国的試験である。フィンランドの学校教育には、中央集権的な官僚機構によるアプローチはない。学校教育に対するフィンランドのアプローチは、地方自治を支えるものである。しかし、それは学校の資金調達水準が民間の資金源からどのように資金を調達するかという起業家的に決定されるという意味ではない。

　その代わりに、フィンランドの教育システムは、広く合意された全国的なコアカリキュラムの枠組みに上乗せすることを含め、教師がそれに

31　Sahlberg, *Finnish Lessons*, pp. 125,126.

32　The Senate Education and Employment Committee, *Effectiveness of the National Assessment Program - Literacy and Numeracy Final Report*, Australian Parliament, Canberra, March 2014, p.10.

33　Interview with Frank Sal.

34　Finnish National Board of Education information at http://www.oph.fi/english/education_system/upper_secondary_education_and_training.

適合することを信頼するという意味で自律性をサポートしている。このシステムは、教師が自分の生徒に関する詳細な認識に基づき、自分の教室の状況のもとで最善で可能な方法により、それらの生徒のニーズを満たすため、プロとしての専門的なスキルと判断を用いることを信頼するものである。

フィンランドの全国コアカリキュラムは 10 年ごとに見直される。レビューは徹底的な 4 年間の協議プロセスであり、オープンマインドなセミナーとディスカッションから始まる。次に、目的と中核的内容、評価のガイドライン、サポートの提供に関する原則、および学生の福利を確保するための規則の制定に進む。このプロセスには、多数の学際的なワーキンググループが含まれる。これにより個々の親、大学、地方自治体、雇用主など、関心のある利害関係者による主要な情報提供が可能になる。

2016 年から 2017 年にフィンランドで実施される新しい全国コアカリキュラムの採用についての現在のプロセスでは、将来必要となるコンピテンシーの種類について問われている。それは強化された特別な支援、学生福祉サービスの仕組み、スクールカウンセリング、多文化主義および言語教育に関する最近のプロジェクトの知見を利用している。

カリキュラムの検討プロセスは以下の原則を含む。平等の促進（特に男性と女性の間の）。職業生活上の起業家精神とスキル。民主主義、エンパワーメント、影響力。社会的スキルを高めること。レビューの目的には、より参加型で、身体的に活発で、創造的で、言語的に豊かな学校であること、より教育と学習を統合することが含まれる。[35]

教師たちは、統一され、広く尊敬され、包括的な組合である OAJ を通じて、フィンランドの社会的パートナー間の協力という強固な伝統を反映して、カリキュラムレビュープロセスの非常に重要な当事者なのである。[36]

---

35 Halinen, 'Curriculum Reform in Finland'. The above also draws on valuable discussions I had with Petra Packalen, Counsellor of Education at the Finnish National Board of Education in Helsinki.

36 This point is emphasised by Jukka Sarjala in his article 'Equality and Co-operation: Finland's Path to Excellence', *American Educator*, Vol.37, No.1, Spring, 2013, pp.32-36.

レビューは政党の政治的方針の影響を受けない。その後、カリキュラムを実施するために教師と学校に自律性が与えられる。これは、オーストラリアでのカリキュラム開発のあまり合意が取れていない基盤と構造、およびカリキュラムの内容をめぐる通常の政党の政治的混乱とは対照的である。たとえば、アボット政府は、2013年の選挙直後に、全国のカリキュラムについて2名による見直しを課したのである。

　しかし、全国のカリキュラムは過去6年間をかけて、国の前政府および全州および準州政府によって約20,000件のコメント提出をフォローして作られていて、まだ実施されてさえいなかった。アボット政府のレビューは、カリキュラムがオーストラリアの植民地化以降の先住民への過酷な扱いに焦点を当てるのを薄め、1770年以降にイギリスの偉大な遺産を対蹠地に持ち込むために行われたと主張される勇敢な闘争に、より焦点を当てたいという願望で動機付けられているようにみえる。

　フランク・サルは、フィンランドでの10年間のレビューサイクルにより、教師と学校は、政治の変化による干渉や中断なしに、カリキュラムを実装し、また上乗せするための積極的な自律性を得ることができると考えている。「すべての政党は国の教育システムとそこでのカリキュラムレビューのプロセスを支持している」と彼は強調する。[37]

　フィンランドに関する最近の歴史的研究によると、フィンランドの人々の75％が、無料の義務教育の総合学校の設立を、国の歴史の中で最も重要なイベントと見なしている。

　彼らはそれを、ソビエト連邦に対する1939-1940年の重要な冬戦争よりも重要であり、普通選挙権の獲得よりも重要であり、福祉国家よりも重要であり、1918年のフィンランド内戦よりも重要であると評価している。[38]彼らが住む地域のすべての人々に基礎教育を提供する9年間の公的制度がこのように高く評価されていることは、フィンランド人が学習をどれほど深く感謝し、価値を置いているかを示す印象的な指標である。

37　Milburn, 'With an Eye on the Finnish Line'.

38　Pilvi Torsti, *Suomalaiset ja Historia*, Gaudeamus Helsinki University Press, Helsinki, 2012, pp.99-101 (as identified and translated by Ilkka Turunen, Special Government Adviser, Ministry of Education and Culture, Helsinki, Finland, in an interview which I conducted with him).

第3章

*　*　*

　オーストラリアでは、2007年に選挙で選ばれた労働党政権が、新自由主義から離れてより社会民主主義的な要素を教育政策に導入するように動いた。2010年4月に当時の教育大臣ジュリア・ギラードが学校予算の根本的な見直しのプロセスを開始したときである。これは、フィンランドからの証拠に部分的に影響を受けた、新しい政策の方向性につながった。

　このレビューを実施するために設立された、ビジネスパースンのデビッド・ゴンスキーが議長を務める多様なパネルは、多党派の意見と長期的な政策の視点を確実に取り入れた。したがって、ゴンスキーのレビューは北欧スタイルの委員会に似ていた。北欧のスタイルというのは、北欧諸国では通常、比例代表の選挙制度によって複数政党の連合が政府を構成することの反映である。

　そのような多党派によるレビューと、その意思決定機関は、必然的に多くの者が共有できる場所を見つけようとするものである。これはオーストラリアではあまり見られないものだった。オーストラリアの政治では、より白か黒か、敵対的な、短期的なアプローチが取られるのが特徴であるが、それはたいがい多数派が勝敗を制する選挙制度の結果なのである。

　ゴンスキーレポートは2011年12月に発表された。その主な見解は、オーストラリアには「学業の到達度の低さと、教育上の不利な立場との間に容認できない関連性がある。特に社会経済的に低く、先住民の背景を持つ学生ではそうである」というものだった。教育の成果が社会経済的地位または子供が通う学校の種類によって決定されないものであるために、オーストラリアは「成績の最も低い学生に最大の支援を提供する」必要があり、これを行うには新しい「予算の仕組み」が必要であると結論付けた。

　現状の代わりとして、「オーストラリアは学校に資金を提供するための効果的な仕組みを必要としている。…必要な場所にリソースが確実に

107

提供されるようにする」。

「資金の大幅な増加が必要である。…恵まれない学生の数は多く、それは公立学校に集中しているため、この増加の大部分は政府部門に押し寄せる」。[39]

ゴンスキーのレポートは、2000年と2009年の両方についてのPISA調査から、2009年の数学と科学の調査結果から、フィンランドがオーストラリアを大幅に上回ったことを明記した。PISAにおけるオーストラリアのパフォーマンスの低下は、数学リテラシーで顕著であり、2000年から2009年の間にレベル4以上の生徒が47%から38%に減少し、レベル2以下の生徒は10%から16%に増加した。

2009年の数学リテラシーのPISA評価では、レベル5以上を達成した学生はオーストラリアでは17%、フィンランドでは22%だった。レベル2以下のできだった学生はオーストラリアでは16%、フィンランドでは8%だった。ゴンスキーの報告書は、国の不平等の程度が、国の学校制度の特定の特徴と相まって、教育成果の可能性に大きな影響を与えるという証拠を指摘している。それは間違いなく質の高い教育が、学校内で最も重要な要素の一つであると明らかにした。フィンランドは、学習へのイノベーティブなアプローチを通じて、どのように学校システムを継続的に改善しようとしていたかを指摘した。

これらのアプローチには、家族支援サービスへの適応と新しい種類の学校の創設が含まれていた。ゴンスキーの報告によると、フィンランドは、非常に高度で、一貫して公平性が高い教育システムを維持することが可能なことを示している。フィンランドはまた、学校の指導者や教師の能力構築に投資することで、生徒のバックグランドが教育成果に与える影響を減らすために多くのことを行えることを示している。[40]

ゴンスキー報告に対するオーストラリア政府の回答は2012年9月に行われた。ギラードは当時の首相として、2014年から発効し、2020年

---

39 David Gonski, Ken Boston, Kathryn Greiner, Carmen Lawrence, Bill Scales and Peter Tannock, *Review of Funding for Schooling - Final Report*, Australian Government, Canberra, December 2011, pp. xiii, xxiv, xv.

40 Ibid. pp.20, 109, 22, 23, 107, 110, 139.

までに移行が完了するという勧告に基づいた新しい予算システムへの移行を約束した。

2013年、キャンベラの少数労働党政府は、2014年から6年間で学校への支出を145億ドル増やすという計画を受け入れるよう州を説得しようとした。いくつかの州政府は、彼ら自身の予算から多額の資金を投入するこの計画に同意することを躊躇した。それにもかかわらず、2013年9月の全国選挙の前に、6つの州のうち4州（ニューサウスウェールズ、ビクトリア、南オーストラリア、タスマニア）と2つの地域のうちの1つ（オーストラリア首都特別地域）で6年間の資金調達に関する合意に達した。他の2州（クイーンズランド州と西オーストラリア州）とノーザンテリトリーは同意しなかった。

しかし、2013年9月の全国選挙で労働党を破った中道右派のアボット政権は、オーストラリア自由党がより平等主義的な公立学校への移行を支持することを長期的に躊躇し続けた。2013年11月下旬、クリストファー・パイン教育相が選挙前の公約に反して、ゴンスキー計画全体を放棄することを表明したとき、大きな論争があった。アボット政権は、大きな国民の圧力の下でその立場から撤退した。

しかしそれでも2017年半ばまでの、つまり6年間ではなく4年間だけ予算を約束しただけだった。これは4州と準州との間で既に達していた合意に必要な資金の3分の1未満を供給することに同意したにとどまった。この決定は、2014年5月のアボット政府の最初の国家予算で確認された。

なお、ゴンスキーと旧政権が5年目と6年目に想定した予算は最も重要だった。それは、恵まれない学校に最大の新しい金額を提供することが計画されている段階だからだ。

それ以来、デビッド・ゴンスキーは、アボット政権は彼の報告書が推奨する5年目と6年目の資金調達を復活させることができるし、またそうすべきであると力説してきた。

そうするうちに、彼は、学校の資金調達の主要なレビューを主導するという目の覚めるような経験を繰り返してきた。オーストラリアの中で恵まれた学校と、より低い社会経済的地域の学校がどれだけとても大き

な違いがあることを発見するビジネスマンのようであった。[41]

パジー・サルバーグは、私立学校と公立学校の間の競争がいかにオーストラリアの中心的な問題であることかに焦点を当て、2012 年 9 月のオーストラリアの学校についての討論に直接的な貢献をした。

このような競争は、異なる学校セクターと個々の学校が、市場の論理に従ってお互いを凌駕することを意味する。学校、校長、教師は、リソース、生徒、スタッフ、保護者をめぐってますます競争している。サルバーグはこの状態を健全ではなく、フィンランドが採用している協調的アプローチと比較して、良い結果を達成しないと主張した。[42] フィンランドでは、代わりにより良い学校であるための「相互の努力」があると彼は書いている。[43]

彼はまたオーストラリア訪問中に、学校教育の選択を管理することによって公平性を高める必要性を強調した。「私たちは、親のためと公平のどちらを選択したいかを決定する必要がある。…公平な枠組みの中で選択ができることが望ましい」。[44]

フィンランドでは選択肢があるが、それは各学校内にあり、9 年生以降は学校間になるが、経済力によって選択できるものではない。むしろ、選択は学習の専門によってであり、各学校が提供するさまざまな専門分野の内容と、これらが個々の学生の特定の興味や才能にどれだけ一致しているかでなされる。

フィンランドの革新性と創造性の重要な要素は、学生が学習時にリスクを冒し、新しいことを考えて試して、これらのいくつかが最初に失敗した場合は、未来のためにその経験から学べるようにする準備である。これは「事実」を浸透させ、受け入れられた知識の遵守を強制し、革新と創造性を育むことができない「正しい答え」の朗読に報いることを含

---

41 David Gonski, 'Jean Blackburn Oration', delivered at the University of Melbourne, 21 May 2014, pp.3, 4.

42 Pasi Sahlberg, the University of Melbourne Graduate School of Education Dean's Lecture, 25 September 2012.

43 Sahlberg, *Finnish Lessons*, p.36.

44 Pasi Sahlberg's comments at Australian National University Centre for European Studies workshop, Canberra, 27 September 2012.

む圧力的な「暗記」アプローチとは対照的である。

2012年9月にオーストラリアに滞在中、当時フィンランドの教育文化省内の国際モビリティセンター（CIMO）の所長であったサルバーグは、オーストラリアが2025年までに世界で「トップ5」の学校制度の一つになるというギラード政府の目標に明確に疑問を呈した。

彼は、OECD諸国の中の現在の高いパフォーマンスの教育システムは、オーストラリアが追求した種類の政策を用いることでその地位を達成してはいないと指摘した。[45]

フィンランドは別として、PISA2009の読書スコアに基づく上位5つの教育システムのうちの他の4つは上海、香港、シンガポール、韓国。これら4つのうち2つは国ではなく、明らかに民主主義ではない中国内の都市であり、他の2つはしっかりとした、あるいは名声がある民主主義ではないことは注目に値する。

中国の学校は、たとえば1989年の天安門広場で何が起こったのかについて質問できるほど、若者の好奇心を刺激するつもりはない。また、言論の自由の原則の探求を奨励することもない。このように、私たちが本当に民主主義を信じているのなら、なぜそれらの教育システムが民主主義国家の学校がより学ぼうとする、あるいは一致させようとする例とみなされるべきなのか、それは不可解である。

さらに上記の4カ国（地域）はすべてフィンランドとはとても対照的に、非常に長時間の権威主義的指導と放課後、週末、および「休日」の勉強を伴う学習アプローチに関連している。これは、フィンランドが成功裏に採用した励ましと、好奇心で駆動するアプローチとは対照的である。サルバーグはフィンランドのシステムでは、幸福と遊びにかなりの重点を置き、学校教育の初期には宿題をあまりしていないことを強調している。[46]

彼はOECDの統計に基づいて、フィンランドの15歳の学生は、他の国のどの同級生よりも宿題に費やす時間が少なく、フィンランドの成功は他の国とは異なり、個人指導、放課後の授業、または大量の宿題なし

45　*The Age*, Melbourne, and *The Sydney Morning Herald*, 29 September 2012.
46　Pasi Sahlberg's lecture at the University of Melbourne, 25 September 2012.

で達成されたと書いている。[47] オーストラリアが学生の学習の喜びを生かす方法で卓越性を達成したいのであれば、フィンランドのアプローチは追求するのにはるかに適切だ。

パジー・サルバーグはまた、フィンランドが教育の世界的リーダーになることを決して目指していないことを強調した。[48] フィンランドは、国のすべての子供たちに良い学校を確保するという目標を設定した後、教育の質のリーダーになった。したがって、それはゴンスキー委員会の勧告の精神に基づいて、オーストラリアが今設定する、または今再確認するためのより適切な目標となるだろう。

その明らかな教育成果のもう一つの理由は、フィンランドが他の国よりも「特別なニーズ」を持つ学生を定義するために、より広く、よりインクルーシブなアプローチを取っていることだ。フィンランドはまた、学生の特別なニーズを満たすために、より多くの支援プログラムを利用できるようにしている。個人としてすべての学生のニーズを満たすことに細心の注意が払われている。これらの特徴は、フランク・サルが参加したフィンランドへの2012年の視察旅行中に注目されたものである。

サルは、「フィンランドの学生評価システムは、勉強または学校での活動で苦労していることが判明したすべての学生のための強力で継続的な介入型プログラムによって支えられている。すべての学校には特別教育教師のチームがあり、通常はペアで働き、最大12人の生徒のグループをみる」と述べた。

フィンランドでは、「教育予算の7％が特別支援に費やされているのに対して、オーストラリアが特別支援に費やしているのは教育予算の1％だけ」と彼は報告した。フィンランドの全学生の50％は、学校教育のいつかの段階で特別支援教師によって支援されている。[49]

比較すると、オーストラリアの学生が支援された割合はごくわずかである。パジー・サルバーグが説明するように、フィンランドでは参加率が高く、包括的に多くの分野をカバーしているため、「特別教育はもは

---

47 Sahlberg, *Finnish Lessons*, pp.62,37.
48 Ibid. p.41.
49 Milburn, 'With an Eye on the Finnish Line'.

や特別なものではない」。他の文脈では、フィンランドのアプローチは
「特別教育によってしばしばもたらされる否定的なスティグマを大幅に
軽減する」。[50] アリ・ポッカは、「特別教育の教師は生徒を助けるだけで
なく、実際には他の教師を大いに助けている」と付け加えている。[51]

　フランク・サルは次のことに情熱を注いで記す。

　　　フィンランドのシステムの最大の強みの一つは、学生に追加のケ
　　アを提供することで、非常に早い段階でケアのニーズを特定できる
　　ことだ。何らかの形で遅れていると特定された学生は、追加されて
　　いるスタッフによって即座にサポートされる。トップの生徒につい
　　ても、教師が十分に伸ばされていないと感じれば、同様にサポート
　　を受ける。そういうことで、学校全体の「特別支援」サポートは、
　　私たちがオーストラリアで行う能力よりもはるかに大きい。なぜな
　　ら、私たちにはそのためのリソースがないからである。[52]

　サルは、「フィンランドの学校には健康問題について、生徒とその家
族と協力する看護師もいる。オーストラリアの全国校長組織は、学校で
の早期の介入と福祉サービスへの同様のアプローチを求めてキャンペー
ンを行っている」とした。[53]

　フィンランドへの視察旅行に参加した彼と彼の同僚は、「強力な学
生福祉システムが介入を提供する…必要とするすべての学生のために
… 学生カウンセラーを含む」ことに感銘を受けた。[54] フィンランドでは、
学生の福利、健康、満足な生活に重点を置いており、学生は無料で利用
できる。これにはたとえばシグネウス高等学校で、動機付けやその他の
問題を抱えている可能性のある生徒のグループと週に1回、実践的な解
決策の開発を支援することに焦点を当てた、キュレーターまたはソー

50　Sahlberg, *Finnish Lessons,* p.47.
51　Pokka interview.
52　Interview with Frank Sal.
53　Milburn, 'With an Eye on the Finnish Line'.
54　Australian School Principals' Report of their 2012 study tour of Finland.

シャルワーカーのミーティングが含まれる。[55]

　この幅広い特別支援アプローチの有効性は、学年の繰り返し（つまり、特定の科目を通過しなかったために1年間の学校教育を繰り返す）という厳しい方針を緩和するのに役立った。2012年のオーストラリアにおける学年での落第の発生率はフィンランドのそれの2倍であり、落第は非常に厳しい措置であるのに加えて、コストを大幅に増加させる。[56]

　訪問したオーストラリアの学校の校長は、フィンランドのすべての学校で毎日無料提供されている「身体の健康を促進するための温かい健康的な昼食」に注目した。[57] 別々に訪問したオーストラリアの教師組合員スーザン・ホップグッドもこれらに気づき、次のことを強調した。

　　昔ながらのランチだけでなく、サンドイッチを投げるだけでなく、選択肢があり、カフェテリアに並んで、温かいものやサラダがあって、子供たちは…それから…テーブルに座る。それは、子供たちが十分に栄養を与えられていることを確認するだけでなく、…社会的スキルについて…学校がここで果たす役割を持っていることでもある。

　　校長が来て私たちと一緒に昼食をとった…子供たちは校長と話をするのにとても安心していた…先生と話をして、そしてみんなが歓談する。[58]

　アリ・ポッカは私との話合いの中で、同様にフィンランドの学校の比較的形式ばらない行為について指摘した。そのような仕組みは、公式な伝統的な仕組みよりも、教師に対する学生の本物の敬意を高める可能性がある。この形式ばらないところの一端は、フィンランドでは制服が着用されたことがないことである。

55　Pokka interview.
56　Andreas Schleicher, *Equity, Excellence and Inclusiveness in Education: Policy Lessons from around the World*, OECD, Paris, 2014, pp. 80, 78.
57　Australian School Principals' Report of their 2012 study tour of Finland.
58　Hopgood interview.

オーストラリアの多くの人々は、英国と同様に、学校教育の平等主義的な目的の一部として制服を支持している。制服は貧しい子供や若者が、より高価な服を買う余裕のある人々よりも、見栄えが悪いように見えるのを防ぐことができるからだ。しかし、古い標準的な、しばしば灰色または紺色のユニフォームは、数十年にわたって、精巧で明るい色の刺繍されたブレザーなどを採用しているいくつかの学校によって打ち負かされてきた。

金色のモノグラムの紋章、バッジ、装飾や紋織りなどによって、エリートで、特権的で、たいがいは私立で、学費有料の学校の学生であると丁寧に見分けがつくようになっている。あまり豊かではない学校の、よりベーシックな制服を着ている生徒より、それらの学校の学生は高いステータスであるとみられる。

パジー・サルバーグは、カナダのアルバータ州における学校テストによる管理を減らして、標準化された競争的なテストから離れて、本物の学習に焦点を当てたより知的なポリシーを支持する動きに非常に肯定的である。

これにより、アルバータ州はカナダの他のすべての地方よりも教育的に成功するようになったと彼は主張する。彼はオーストラリアの特定の州がフィンランドと同様の人口規模を持っており、フィンランドのアプローチを同様に適用する可能性があることを明らかにしている。[59] カナダがフィンランドよりも多文化であるという事実は、アルバータ州がこれらの措置をうまく講じることを妨げるものではない。

フランク・サルは、オーストラリアの学校が多様な文化的背景を持つ学生のニーズを満たす仕方について、フィンランドの彼の相手方が関心を持つとした。パジー・サルバーグは、フィンランドの社会がより文化的に多様化する一方で、フィンランドの学生の成績のレベルが継続的に高まり、学生間の成績のばらつきが減少したことを重要なポイントとしている。言い換えればフィンランドは、民族的および文化的多様性を高めると同時に、卓越性と公平性を高めることに成功した。[60]

---

59 Sahlberg, *Finnish Lessons*, pp.67-68, 98, 8.
60 Ibid. p.69.

フィンランドでは、サーミ人が自国語で行われる学校に通う権利があるという正式な憲法上の要求も長い間あった。オーストラリアにはそのような規定はない。もしそれがあったなら、先住民の言語はもっとよく保存されていただろう。フィンランドの憲法はまた、国のスウェーデン語を話すマイノリティのメンバーは、自国語で行われる学校に通う権利があることを要求している。フィンランドの公式文書は、「民族、年齢、富、居住地に関係なく、すべての市民が同じ教育の機会を利用できるようにする」ことを強調している。[61]

フィンランドへの視察旅行に参加していたオーストラリアの学校の校長による次のコメントは、フィンランドの教育の特徴をよく表している。フィンランドの予算の仕組みが可能にしていることがある。そこから他の国がインスピレーションを引き出すことができる。

それは、…すべてのそれぞれの子供が違いを生み出すという信条が、すべての子供が潜在能力に到達する発達レベルに育つことを支援する学習環境を保証するということなのだ。

…介入の性質としては、十分に計画され定義されたカリキュラムによって整然と進められることが含まれる。…サポートが提供されるとき、それは子供を困惑させるものでなく、自尊心と学習者の自己の信念を損なうことなく、意図的に学習の進行を構築および統合する方法で学習の旅を続けることを保証する。[62]

フィンランドの深く称賛される教育に対する論理的な仲間は、知識経済を切り開くための研究開発への多額の投資だった。この投資により、フィンランドは1990年代初頭と、2008年から2009年の世界経済の後退から力強く回復した。

象徴的なノキアブランドが携帯電話の生産から撤退したことは、20

---

61 Ministry of Education and Culture, Finnish National Board of Education and CIMO, *Finnish Education in a Nutshell*, Kopijyvä, Espoo, 2012, pp.5, 7.

62 Australian School Principals' Report of their 2012 study tour of Finland.

第3章

年以上にわたってその分野で輝かしく先駆的な世界的注目を集めた後、フィンランドがノキアと携帯電話で達成した成功や、それが実現した原理を無に帰するものではない。

世界で売り上げがトップになった最新の携帯電話、iPhone は、その最大の利益は、製造において複雑なタスクを実行できる高度なスキルを持つ労働力を持つ国々に引き続き受け入れられている。

フィンランドがノキアで行ったのと同じように、知識経済を迎えるためそれらの国の政府が他国より研究開発に多額の投資を行っていることから、これらの労働者は、それを行う能力がある。[63]

企業の労働者の多くはフィンランドの質の高い職業教育の卒業生であるが、新しい環境に対処するのを支援するため、「ノキアブリッジ」プログラムやその他の措置が提供されてきた。

これらは、非常に多くの元ノキア労働者が情報通信技術のスキルをフィンランドの公共部門または他の部門に持ち込むこと、またはその経験を利用して新しいビジネスの立ち上げを可能にすることによって、ノキアの変遷による雇用への悪影響を限定してきた。それらはフィンランドが将来の機会のための再編を助けるものだ。

このような雇用調整プログラムが北欧諸国の成人労働者、特にデンマークで適用される場合に果たす積極的な役割は、次の章で焦点を当てる。

---

[63] 個々の Apple の iPhone に支払われる金額の 3 分の 1 以上は、その最先端のコンポーネントのいくつかが製造される日本に渡り、17%はドイツに行く。ドイツの精密機械メーカーの賃金はアメリカの製造業の労働者に支払われる賃金よりも高い。製品は中国で組み立てられ、アメリカのアップル社が所有しているが、iPhone 1 個ごとに支払われたお金のうち中国に行くのはわずか 3.6%、米国に行くのはわずか 6%である。2012 年 7 月 18 日の投稿を参照のこと (at http://robertreich.org.).

117

第4章

安定したスキルアップ
——デンマークの雇用の保障と柔軟性を両立させる職業訓練への投資

　この章の中心的な問題は、オーストラリアがデンマークから現在および将来の成熟年齢の失業者に実質的なスキルの再訓練の機会提供について何を学べるかである。2017年までにオーストラリアの3つの自動車メーカーすべてが閉鎖される予定であり、オーストラリアでは20万人もの全国雇用が減少すると推定されており、その数はさらに増加するだろう。[1] さらにその業界の研究開発活動の喪失が追加されるだろう。

　1970年代以降、オーストラリアの多くの鉄鋼および製造業の中心地においては、主要な都市の多くの郊外などでも、雇用が劇的に減少している。これらの経験から学んだ教訓の一つは、中年の労働者を工場環境から引きずり出して教室に入れ、慣れない環境で新しい仕事のための新しいスキルをすぐに習得させるのは期待できないということだ。

　デンマークはここ数十年にわたって、造船などの重工業で同様の衰退に取り組まなければならなかった。この章の後で概説するように、デンマークの比較的成功した事例から、この傾向にあてはまる教訓を持ち帰ろうと努めたオーストラリア人が過去10年間にいた。それでも、彼らの観察と勧告はほとんど無視されてきた。オーストラリアがデンマークの経験から学び始めない限り、オーストラリアの経済的および社会的問題は悪化し、深刻になるだろう。

　アンドルー・ビア教授は、雇用減少の影響を受けたオーストラリアの地域の一つである三菱の自動車製造事業の閉鎖に見舞われた後の21

1　Bianca Barbaro, John Spoehr and the National Institute for Economic and Industry Research (NIEIR), *Closing the Motor Vehicle Industry: The Impact on Australia*, Australian Workplace Innovation and Social Research Centre, Adelaide and NIEIR, The University of Adelaide, 2014, p. 3.

世紀の最初の 10 年間のアデレードの南部郊外を調査した。彼は余剰になった労働者のうち、3 分の 1 が二度と働かないことを発見した。「労働者の 3 分の 1 はフルタイムの有給雇用に移行し、労働者の 3 分の 1 はカジュアルまたは契約雇用と私たちが推定するものに移行し、労働者の 3 分の 1 は完全に労働力でなくなった」と彼は述べる。

　ビアは、2004 年に三菱のロンズデール鋳造所が閉鎖され、2008 年にトンズリーパークのエンジン製造工場が閉鎖されたことで、多くの労働者の生活に壊滅的な影響があったことを概説する。アデレードの南部郊外は経済的ショックに見舞われたが、それは今も続いている。

　ビアは、現状のオーストラリア周辺の自動車製造に関わる労働者の将来を考えるとき、意思決定者がそのような影響を念頭に置くことが重要だと言う。閉鎖により余剰となった労働者のうち、正式な資格を持っていた労働者は、資格をほとんど持っていなかった労働者よりも、1、2 年後に就職する可能性がはるかに高かった。「これは構造調整のプロセスにすぎない」という比較的ドライな経済学の議論をよく耳にするが、しかし事実として、これらは本当に現実に生活に影響を受けている実際の人々なのだと彼は言う。

　これらの言葉で、ビアは非常に重要なポイントを示している。有給の仕事から予定より早くしばしば隠された失業階層に入る多くの人が感じる痛みと困難の、人間への深い影響を最小限に軽くみせるために、集計された雇用統計を問題なく見せかける人々によって心に刻まれる必要がある。

　「みるみるうちに、南オーストラリア州の労働力のスキルの喪失がみられた」だけでなく、「影響を受けた個人の収入が減少した」とビアは続ける。

　彼はオーストラリアからのすべての自動車メーカーの差し迫った脱出が数世代に影響するであろうと警告する。彼は、工場が閉鎖される前に労働者が新しいスキルを学ぶ機会を確実に与えられるように、政府に迅速に行動するよう促している。[2] 彼は、3 つの主要な自動車メーカーが同

2　Professor Beer is from the University of Adelaide. His comments were made on Australian Broadcasting Corporation (hereafter ABC) news online,11 December 2013.

じ時期にオーストラリア全土で閉鎖するという事実のために、これらの今後の閉鎖は以前の閉鎖よりも影響が悪化すると付け加えている。[3]

1990年代の国際的な景気後退以来、南オーストラリア経済の過去の不況への対応に関する別のアナリストは、ローディン・ジェノフである。彼は、アデレードの北にあるエリザベスという、その州で大きな打撃を受けたかつての自動車製造地域で、経済調整イニシアチブの実践者として働いてきた。

ジェノフはその後、OECDによる研究に関心を持ち続けて、デンマーク中部と北部についての地域開発分析プロジェクトを実施してきた。私は彼にオーストラリアでの経験をデンマークでの経験と比較するように頼んだ。具体的には、デンマークの「フレキシキュリティ（訳注：柔軟な雇用）」の文脈と、オーストラリアと比較して、デンマークではそのスキル再訓練の機会への大幅に高い公共投資が、成熟した失業者の見通しにプラスの違いをもたらすかどうかである。

彼は、これらは「特に（旧い）製造地域の労働者にとって大きな違いを生む」と答えた。[4]「フレキシキュリティ」は、景気循環の下降と企業の世界経済への競合の増加から生じる調整圧力を管理する上で特に重要であると付け加えた。

彼はさらに、デンマークはオーストラリアよりも地域的不平等が「絶対的に少ない」と主張している。これは、デンマークがより小さな国であることが一因かもしれないが、証拠は、「デンマークはすべてのOECD経済の中で、地域全体で最も低い所得格差を示している」ことを示している。[5]

また、デンマークの包括的な福祉国家が造船業を中心に成長した町、ナクスコウの主要な造船所の1980年代の閉鎖に労働者とその家族が適応するのを、どの程度支援したかについての研究も興味深い。

その研究の著者は、一部には「デンマーク地域間の大規模な純利益移

3　*The Age*, Melbourne, 15 February 2014.

4　Interview with Rodin Genoff.

5　OECD, *OECD Reviews of Regional Innovation: Central and Southern Denmark 2012*, OECD, Paris, p.16.

転」を通じて、「デンマークの福祉国家は…地域経済平準化政策の主要な要素として機能し」、「デンマークの地域的な経済の不平等が、深刻な割合に達することの防止に重要な役割を果たしている」ことを発見した。

ナクスコウ造船所の閉鎖中、デンマークの福祉国家はナクスコウや他の貧しい地域の利益のために、「代償的かつ地域的に差別化された方法で」対応した。その後これは、特定の産業の衰退の影響を受けた地域として、ナクスコウ地域を変革するのを助けるために、欧州連合のコミュニティ支援と社会基金によって補完された。

資金は、特に食品、電子機器、新しい金属製品産業への生産的な投資を支援するために使用された。また、職業訓練と強化された管理スキルを提供するため、地域のインフラ環境整備のためにも使われた。[6] ナクスコウの3万人の人口のうち2,500人の失業があったものの、転職した労働者の非常に高い割合が金属やその他の産業で新しい仕事に就くことができた。

これは地元の雇用サービスが建設的かつ早期に会社と協力し、この目的のために公的資金と会社資金を組み合わせて使用した結果、労働者が古い仕事を辞める前に支援を提供する積極的なプログラムがあったためである。[7]

ジェノフによると、「フレキシキュリティ」は、デンマークの労働者が、金属加工と電子機器の間の伝統的な隔たりを越えることを含め、今日のインテリジェントな機械を管理するために必要な複数の一連のスキルを開発し、それぞれの取引に必要なスキルの専門知識の深さを獲得するのにも役立つ。

「フレキシキュリティ」という言葉は、「フレキシビリティ」と「セキュリティ」という2つのしばしば対立する概念をまとめようとする、

6　Frank Hansen and Chris Jensen-Butler, 'Economic Crisis and the Regional and Local Economic Effects of the Welfare State: The Case of Denmark', *Regional Studies*, Vol. 30, No. 2, 1996, pp. 176, 184, 177, 180, 183.

7　Interview with Jan Hendeliowitz, currently chief policy adviser in the Danish Agency for Labour Market and Recruitment (formerly the National Labour Market Authority) who, at the time of the Nakskov shipyard closure, was the director of the local employment service which assisted the displaced workers.

厄介でそれほどは魅力的ではない方法である。これは、最初はデンマークではなく、1995年にオランダの社会雇用大臣によって、臨時労働者により多くの雇用保障を与え、「常用」労働者にはより少なくすること、そしてそれはオランダの労働力全体に均等に雇用保障を広げることを目的とした法律を説明するために最初に使用された。[8]

　2000年代半ばには、「フレキシキュリティ」の概念にかなりのヨーロッパの関心があった。その関心は消え去ったが、ヨーロッパの一部で「フレキシキュリティ」を支持する多くの者は、雇用主が労働者を解雇する柔軟性に焦点を合わせ続け、デンマークで運営されている他の2つの重要な要素については言及していない。

　デンマークの労働組合連合は2008年に出版物を発行し、フレキシキュリティは仕事の間のデンマークの労働者の柔軟性を決定的に支える経済的安定の基礎であることを明確にしている。[9]

　デンマークの雇用政策に対する3つのアプローチには、雇用と解雇に関する柔軟な規則が含まれる。またそして決定的なことは、失業した人々に寛大な失業手当を提供することも含まれる。さらに同様に重要なこととして、失業者が新しい仕事のために新しいスキルを習得するのを助けるために、実質的かつ効果的なアクティブ労働市場プログラム（ALMP）の提供と質の高いトレーニングが含まれる。

　このデンマークのアプローチは、特にOECDが2004年にデンマークを輝かしい例として取り上げた後、「フレキシキュリティ」という用語と密接に一致するようになった。

　しかし実際には、この3方向の雇用政策は、組合と雇用者の間の争いや妥協の非常に長年の道のりの結果として到達したものである。

　それは1世紀以上にわたってデンマークで進化してきた。しかし、デンマークでは1990年代半ば、当時の社会民主党が政府で積極的労働市場プログラム部門への支出を大幅に引き上げたときから、バランスは多少変化した。

8　Interview with Professor Per Kongshøj Madsen.

9　Harald Børsting, *A Flexible Labour Market Needs Strong Social Partners: The European Discussion on the Danish Labour Market*, LO, Copenhagen, 2008.

第4章

　この投資の増加は、デンマークの３つの雇用アプローチを「フレキシキュリティ」という用語と関連付けるための基礎を形成した。オーストラリア社会福祉協議会（ACOSS）は、オーストラリアは最近失業した独身者１人の失業手当について、OECD で最も低いレベルの失業手当であることを明確にしている。

　オーストラリア社会福祉協議会はさまざまな国で労働者が失業した場合、最初の年に失業者に支払われた社会保障費と住宅費を比較しているが、デンマークはその最高レベルの一つである。それはフルタイム賃金の低い額に対する割合として表されるもので、その数値は次の通り。子供がいない独身者の場合は、デンマークでは84％であるのに対し、オーストラリアでは40％である。子供がいないダブルインカム世帯の場合は、デンマークの91％と比較して、オーストラリアでは53％。２人の子供を持つひとり親の場合、デンマークの90％と比較して、オーストラリアでは60％。２人の子供がいるダブルインカムの場合、デンマークの93％と比較して、オーストラリアは69％である。[10]

　一方、オーストラリアの雇用サービスシステムは、最も簡単に失業者を配置することを優先する民間企業に報酬を与える傾向がある。それは、最も不利な立場にある求職者に対して、各個人の状況に応じて必要とされることに的を絞ったサービスと支援を提供できる供給者に十分なリソースを提供するものではない。[11]

　個人相談は、失業してしばらくしないと開始されないことがたびたびであり、1990年代初頭から半ばにオーストラリアの労働党政府によって導入された短期間の一連の積極的労働市場プログラムに関連するものほど包括的なものではない。

　デンマークは、スウェーデンと同様に（第２章の81ページで説明されているように）、失業者を支援するためのはるかに強力でより助けになる雇用支援と積極的な労働市場の仕組みを持っている。

10　ACOSS, *Surviving, Not Living*, Submission to Senate Employment Committee on the Adequacy of 'Allowance' Payments, ACOSS Paper 192, Sydney, August 2012, pp. 45-46.

11　ACOSS, *Towards More Efficient and Responsive Employment Services*, ACOSS Paper 184, Sydney, 2012, p.5.

デンマークには、すべての求職者のための94の統合されたジョブセンターがある。これらは地方自治体レベルで運営されており、地域の労働市場の動向に確実に対応することを目的としている。センターは失業者と直接接触し、各人のそれぞれの状況と今持っているスキルを確認する責任をもつ。

センターのスタッフは、失業者または失業すると見込まれる者へのインタビューを実施し、カウンセリングを提供し、求職者が個別の行動計画を作成するのを積極的に支援し、また、現在の雇用主から事前に新しい仕事を探すための時間とリソースを得るのを支援する。

デンマークではスキル向上プログラムへの投資の規模によって、ジョブセンターのケースワーカーは失業者に提案できる根本的な転職の可能性について幅広い考えを持つことができる。たとえば、彼らは衰退した造船業から、成長している高齢者の介護分野への男性労働者の移行を支援することができるし、いくつのケースで支援してきた。

両国の雇用サービスの比較研究では、デンマークのケースマネージャーはオーストラリアのケースマネージャーとはまったく異なる方法で運営されていたことを見出した。「デンマークでは彼らはたとえば、クライアントが直面している社会的および環境的問題により調和し、敏感であり、失業についての理解に『社会的』要因を考慮に入れるために、彼らの働き方においてかなり多くの裁量と自律性を示した」。

対照的に、「オーストラリアのケースマネージャーは…かなり制約が厳しく、彼らがその中で働く懲罰的な政策の文脈と一致する方法で運営されていた。また、特定の成果目標の達成に焦点を当てた一連の組織的パフォーマンス測定の対象となったため、これらのポリシーの影響を軽減するために裁量的判断を用いることもできなかった」。[12]

また、オーストラリアの政策のさらに厳しい方向性とは対照的に、2014年に報告された活発な労働市場政策に関するデンマーク政府専門家委員会は、公的なコンピテンシーを持たない失業者のために教育と訓

---

12 Greg Marston, Jørgen Elm Larsen and Catherine McDonald, 'The Active Subjects of Welfare Reform: A Street-Level Comparison of Employment Services in Australia and Denmark', *Social Work and Society*, Vol.3, No.2, 2005, p.154.

練に対する**権利**をデンマークが導入することを推奨している。彼らは長期失業のリスクが最も高いためである。これらには、実際の（非公式の）能力を評価する権利、読み書きおよび数学の基本コースへの権利、ならびに30歳以上で非熟練失業者に特定された人という最も助けが必要となる失業者のための職業教育への権利が含まれる。

　委員会はさらに、失業者が6カ月の失業後に6週間の仕事に就くための訓練を受ける権利を得ることを推奨する。さらに、委員会は次を権利として宣言する。長期失業者向けの短期の仕事を保証しながら、実務的な職業訓練コースへの権利、失読症に苦しむ失業者のために特別に作られたコースを受講する権利である。

　重要なことは、またオーストラリアの政策の方向性とは明らかに対照的に、デンマークの専門家委員会は、失業者に対する面接に関する手続き上の要件の廃止、および繰り返される活動的措置に参加する義務の廃止を推奨している。「内容と結果にさらに重点を置く」ことを達成するため、この推奨事項を作成している。

　その提案が採用された場合、デンマークの失業者は失業して6カ月後に一つの活性化コースだけに参加する義務がある。このコースは常に一つの企業に連携する。そのような措置が最も効果的であることが証明されている。[13]

　失業を防ぎ、失業に適応していくために労働者をスキルアップするデンマークのアプローチについてのオーストラリアで最も根強い支持者は、メルボルンのザ・エイジ新聞の元編集者で長年の経済欄担当のティム・コレバッチであった。コレバッチはたとえば2005年に、「オーストラリアはデンマーク人から訓練について学べるだろう」と書き次のように論じた。

　　スキル不足がオーストラリアの成長を遅らせているとき、私たちは職業訓練で世界をリードしている国を一生懸命に見なければなら

13　Summary (in English) of the recommendations of the Committee's report titled *Veje til Job - En Arbejdsmarkedsindsats med Mening: Ekspertgruppen om Udredning af den Aktive Beskæfti-gelsesindsats*, Danish Ministry of Employment, Copenhagen, February 2014, p.8.

ない。1990年代半ば以降、デンマークは独自の相互義務の考えによって、スキル不足と失業に取り組んできた。経済は失業者を必要としている。失業者は仕事を見つけるのに必要なスキルを身に付けるためには、教育と訓練を受ける必要がある。

　オーストラリアでは、相互義務は国のスキル不足に対応するためには何もなっていない。なぜなら私たちは、就職の見通しをつけるにほとんどまったく何もならない形だけの失業手当プロジェクトに失業者を放り込んで、安価に済ませているからである。デンマークはそれを真剣に行っており、それは機能している。[14]

　オーストラリアではハワード政権によって「相互義務」という用語が導入され、以前の労働党政府の「双方向的義務」という用語が置き換えられた。これらの2つの用語の意味の違いについては多くの疑問があった。ただし、内容には違いがあった。

　オーストラリアが1990年代初頭の国際不況に陥った後、最終的にキーティング政府の下で導入されたが、その後ハワード政権によって廃止された勤労国家積極的労働市場プログラムは、失業者にスキルトレーニングを提供するという政府の義務を特徴としていた。このプログラムは、失業者に対する政府の義務は、単なる糊口しのぎの失業手当支払い以上のものという前提に基づいていた。

　コレバッチは、2005年3月の記事で、ハワード政権のいわゆる「相互義務」におけるスキルトレーニングの欠如を批判していた。コレバッチは、「訓練に参加する個人は雇用される可能性が高い」、「成人学習は個人の雇用の見通しに永続的な影響を与える」、「訓練後の賃金はより速く成長する」というOECDの調査結果を強調した。[15]

　彼はまた、デンマークの労働経済学者フレミング・ラーセンが前の月にオーストラリアの会議で、1990年代、デンマークはそのようなプログラムを後押しし続けることで、「失業率が5年間で半減し、ボトルネックやインフレ問題をほとんど引き起こさなかった。構造的失業の問

14　*The Age*, Melbourne, 15 March 2005.
15　Ibid., quoting OECD, *OECD Employment Outlook 2004*, OECD, Paris, 2004, pp. 192, 198.

題と受動的（失業）スキームの悪影響は解決されたようである」と述べたと記事にしている。

積極的労働市場プログラムへの投資が多いデンマークの失業率は、1990年代初頭の景気後退から2009年にGFCリーマンショックの影響が感じられるまでの、14年間の景気回復のうち一年を除いて、積極的労働市場プログラムへ投資しないオーストラリアの失業率よりも低かった。[16] デンマークの政策アプローチは、経済成長を雇用の成長に方向づける点で明らかに優れていた。

フレミング・ラーセンの論文は、デンマークのオールボー大学にあるデンマーク国立労働市場研究センター（CARMA）の進行中の作業の一部となっている。2005年のオーストラリア会議にも参加したそのセンターのラーセンの同僚の一人は、ペール・コンショー・マドセン教授である。これらのアナリストは、雇用プログラムの分析に幅広い社会政策の次元をもたらす。正統派の労働市場のエコノミストは、測定が狭くてテクニカルになりすぎる傾向がみられる。

それにもかかわらず、デンマークはプログラムが効果的であることを確認するためにプログラムを厳密に評価している。たとえば、デンマークの研究および国際的な研究の19個のうち17個は、民間の賃金補助プログラムからプラスの効果を発見した。[17]

ティム・コレバッチは、オーストラリアがデンマークと比較して失業者の訓練に費やしている金額がいかに少ないかについて定期的に執筆を続けている。[18]

この点に関する最近の入手可能なデータは、**デンマークはオーストラリアが積極的労働市場プログラムに費やす公的資金のほぼ8倍を費やしている**ことを示している。[19] コレバッチは、解雇された労働者が余剰な

---

16 *OECD Historical Statistics 1970-2000*, Table 2.14 and *OECD Employment Outlook 2013*, Statistical Annex, Table A.

17 Material in Danish provided and translated by Jan Hendeliowitz and sourced from http://ams.dk/da/Arbejdsmarkedsstyrelsen.aspx and http://www.jobindsats.dk/.

18 e.g. Tim Colebatch, 'Australia Lagging on Helping Unemployed Back to Work', *The Age*, Melbourne, 12 July 2010, which refers to OECD, *OECD Employment Outlook 2010*, OECD, Paris, 2010, Statistical Annex, Table K.

19 *OECD Employment Outlook 2013*, Statistical Annex, Table P.

支払いを受け取らず、代わりに即時の再訓練を受けるというデンマークのアプローチがどのような意味を持つかを明らかにした（1980 年代のスウェーデンの仕組みについて、ローリー・カーマイケルによって同様の観察が行われた。47 ページを参照）。

再訓練は多くの場合、賃金補助金の形の公的資金と労働者が新しい仕事を見つけるために与えられる集中的な公的資金による援助によって支えられている。

これらの積極的な対策は、デンマークが西側世界で、「年配の」人々でまだ有給の仕事をしている人の割合が最も高い国の一つであることを意味する。デンマークの一般的な労働力率、および「プライムエイジ」の人々、つまり 25 歳から 54 歳の人々の労働力率は、オーストラリアの労働力率よりも長い間ずっと高くなっている。[20]

コレバッチは、積極的労働市場プログラムへのデンマーク式支出への移行は当初「費用がかかる」ことを認めているが、「人間に過少投資をするならば、深刻かつ持続的な経済社会への結果になる」のだから、オーストラリアにとっては大幅な減税よりもはるかに優れていると主張している。[21]

コレバッチが 2005 年 3 月のエイジ誌の記事で言及したオーストラリア会議の主催者の一人は、元労働社会保障大臣で副首相のブライアン・ハウだった。コレバッチはその後、ブライアン・ハウが「その会議を部分的にデンマークに焦点を合わせ、それを学ぶためのモデルと見なした」と書いた。これはデンマークが「政府の重要な役割は、非自発的失業者が直面するリスクを最小限に抑えるために、『移行的労働市場』を管理し、生涯学習によって『雇用移行の費用を支払う』ことで、労働者の継続的な雇用の見通しを高めること」と考えるためである。

ブライアン・ハウは、2007 年に本の中でこれらのアイデアを詳しく説明した。この中で彼は、人々の生活は大きな移行によって特徴付けられることを強調した。多くの人が人生のある時点で親になることに加え

---

20 *OECD Historical Statistics*, Table 2.2 and annual issues of *OECD Employment Outlook*, Statistical Annex, Table C.

21 Tim Colebatch, 'We've Failed the Jobless', *The Age*, Melbourne, 18 April 2006.

て、大きな変化としては次のものが含まれる。学校での勉強から働きに出ることへ、ある時点で雇用者から失業者へ、健康だったのが何らかのあるいはある程度の障がいに至るまで、そして、フルタイムの有給労働から減額された有給労働、そして退職まで。

　ハウは、政府は生涯学習に実質的に投資することにより、人々がこれらの移行をよりよく管理するのを助けられると主張する。ハウはオーストラリアでは、「スキルの低い労働者は、スキルの高い労働者よりも訓練に参加する可能性がはるかに低い」こと、および「スキルの高い従業員は、スキルの低い従業員よりも雇用主に訓練の費用を支払わせる可能性が高い」と懸念を表明した。

　したがって、彼は「生涯学習会計」を提唱した。これは、年金に似たアプローチであり、人々の労働生活全体にわたるさらなる教育と訓練の費用を提供するために、資金を蓄積する。「給与の1％のマッチング拠出は雇用主と従業員によって拠出され、低賃金労働者には1％の政府拠出がある」とハウは提案した。[22]

　その後、これらのアイデアはオーストラリアの政策変更に関する具体的な実践的提案に向けて、当時、オーストラリア労働組合協議会のエコノミストであり、現在は国際担当役員であるグラント・ベルチャンバーによって、2009年のデンマークへの研修旅行中に収集したインタビューと情報をフォローした論文でさらに取り上げられた。ベルチャンバーは、「社会保険モデルを採用することにより、オーストラリアは失業者が利用できる所得支援を大幅に引き上げることが可能」と主張している。

　彼はデンマークでは、「『フレキシキュリティ』は労働者の柔軟性ではなく労働者のための柔軟性を意味する」と組合がいかに強調しているかを説明している。さらに、デンマークの文脈では、「柔軟性は賃金の譲歩を意味するものではない」。むしろ「ライフサイクルについての考慮と移行は、ワークライフバランスの管理」をしていく手段である。「労働時間の柔軟性に関する公正かつ適切に構築された規定は、デンマークで運用される…政策の重要な要素なのだ」。

22　Brian Howe, *Weighing up Australian Values: Balancing Transitions and Risks to Work and Family in Modern Australia,* UNSW Press, Sydney, 2007, pp. 133, 134, 141, 142.

この国は、「生涯学習と労働生活を通じたスキルの習得に重点を置いており、それに応じて高い平均収益をもたらし、高いスキルと能力を備えた労働力と社会を提供する」。[23]

ベルチャンバーは、デンマークで失業者への支払いが2つの制度からどのように行われるかを明らかにしている。「社会的支援」はオーストラリアの失業手当に似て「一般に利用可能であり、手当の定額料金は低く、収入テストと資産テストが行われ、継続は受給者が活動テストを満たし、活性化措置を受け入れることを条件とする」。デンマークでは「さらにすべての労働者は、失業保険制度に意思により加入できる。この制度では前の仕事の収入に応じて給付金が増加する」。

これらの手段を通じて、最低支払額は、低賃金の労働者に対して約90％の「代替率」（つまり、前職での賃金収入の割合）を提供する。これらの給付は、労働組合が拠出する専用の資金から提供される。デンマークの失業保険基金がカバーする労働力の割合は約75％だった。

ベルチャンバーが書いているように、資金は職場でのトレーニングに従事するために時間短縮された従業員に追加の賃金を補填するためにも使用される。たとえばリーマンショックの影響を受けた企業において、そのような状況にある労働者は、「労働した時間の賃金と…訓練に費やした時間分の支払いを受け取る」。[24]

デンマークの労働組合に関連する27個の失業保険基金も、職を失ったメンバーが新しい仕事のためにスキルアップを計画することを支援する上で積極的な役割を果たしている。

ベルチャンバーは、「雇用主が労働者を解雇する意図を関係する組合に通知する方法」について説明している。次に、組合は「雇用主の要求するスキル」を考慮して、「余剰者の数を交渉」する。デンマークでは、「労働力の95％以上が、失業保険、社会的支援またはその両方に働いている期間に一回以上の時点でアクセスする。労働市場には仕事を保障する手段があるが、北欧諸国では明らかに、圧倒的に雇用保障に重点が置

23　Grant Belchamber, 'Flexicurity: What Is It? Can It Work DownUnder?', *Australian Bulletin of Labour,* Vol. 36, No. 3, 2010, pp. 278, 282, 283 (my emphasis).

24　Ibid. pp. 283, 284.

かれている」。

　ベルチャンバーは、「『フレキシキュリティ』に向けられる最も一般的な批判は、そのコストである。市場原理主義者はデンマークを世界でGDPに対する税収の比率が最も高い…として指摘している」と述べている。彼は「フレキシキュリティ」は安くはできないと認めている。しかし、コレバッチと同様にベルチャンバーは、この支出による中長期的な利益（労働者の参加率が著しく高いこと、これらがもたらす莫大な社会的および経済的利益を含む）を明確に理解している。それは短期的なコストを払う価値があるものだ。[25]

　ベルチャンバーによれば、オーストラリアのように「失業手当の支払いが少ない国」は、「賃金収入に比べて失業手当を引き上げる」必要があり、したがって、これらの手当が以前の賃金収入に取って代わる範囲が拡大する。ベルチャンバーは、「一連のポリシーが十分に包括的であり、それらに対する社会のコミットメントが強い場合、『フレキシキュリティ』はどこでも機能できると確信している」。

　彼は、「雇用期間の中央値は約３年であり、ほとんどのOECD経済の国の年数をはるかに下回り、デンマークとほぼ同じである」という事実からも明らかなように、オーストラリアにはすでに柔軟な労働市場があると指摘する。さらにオーストラリアには、「高いレベルの内部的柔軟性もあり、幅広く包括的な職務定義とスキルベースの分類がある」。

　本質的に、オーストラリアはすでに柔軟な労働市場を持っているが、積極的労働市場プログラムへの実質的な投資も十分な失業手当もないことを考えると、これらの要素を追加することで利益を得ることができると彼は主張している。[26] 彼が書いている本の章では、オーストラリアでは、「非常に低い手当ての代替率…は…転職中に家族の機能を無傷に保つには、まったく不十分である」。

　彼はまたより一般的には、デンマークが追求した「フレキシキュリティ」の一連の政策を、「経済成長と社会的包摂の組み合わせに内在する複雑さを認識し、アングロサクソン中心の正統派経済の単純な政策の

25　Ibid. pp. 285, 289 (my emphasis).
26　Ibid. pp. 289, 290, 291.

処方箋を拒否した豊かな政策対応」として称賛している。

彼は、デンマークでは、「仕事を失った労働者の…経済状況に応じて、一部かほとんどが…ちゃんとした仕事で代わりの職をすぐに見つける」ことを強調している。しかしながら、構造変化の影響を受けた産業や職業で働いている労働者を含む一部の労働者、それゆえそれは現在オーストラリアで縮小に直面している多くの自動車産業労働者に類似しているのだが、「彼らが追放されてきた産業や職業には求人がないのかもしれない」。[27]

デンマークでは、「職を失った直後にこれらの労働者には、スキルをアップグレードしたり、まったく新しいスキルセットを取得したりするための（再）訓練プログラムを実施する能力と義務がある」。これは適切な「彼らが利用できる失業手当が、訓練プログラムの期間に動機付けと収入のサポートを提供する」ために可能である。さらに州は、失業者に適切な範囲の質の高い技能訓練プログラムを提供する義務を負っている。

新しいか、更新された一連の需要のあるスキルを備えたあるいは能力開発の労働経験プログラムに参加した「デンマークの失業者のうちの非常に多くの割合が、柔軟な労働市場において再就職している」。[28]

ベルチャンバーは、「『フレキシキュリティ』の概念は、多数の代替状態を通じた『移行』であると説明している。今日の、そしてますます明日のダイナミックな世界では、労働者の大半は、一連の異なる雇用主の下で継続性のある仕事をする。また、さらなる学習や訓練や、たまさかいくらかの失業期間も混ざり合うことになる。移行に成功すれば、それは次の移行を形成する。成功はさらなる成功を生み出す。そして失敗するたびに、次の移行に持ち越す手荷物が増えるのだ。現在の政策の課題は移行することでお金を得られるようにする」ことだと彼は書いている。[29]

しかし、彼は続けて次のように書いている。

---

27 Grant Belchamber, 'To Fix a Flaw and Fix the Floor: Unemployment Insurance for Australia' in Paul Smyth and John Buchanan (eds.), *Inclusive Growth in Australia: Social policy as Economic Investment*, Allen and Unwin, Sydney, 2013, pp. 193, 195, 196.

28 Ibid. p. 196.

29 Ibid.

第 4 章

　オーストラリアの失業手当は非常に低い。失業者（解雇された労
働者であろうと長期間の失業者であろうと）にとって、良質で内容
のあるキャリア更新トレーニングやスキルプログラムを実施するこ
とは言うまでもなく、良い新しい仕事を見つけるには不十分である。
さらに厳しい所得と資産のテスト条件の適用は、失業給付の受給資
格…つまり経済危機またはリストラによって職を失ったプライムエ
イジの労働者は、まず彼らの貯金を取り崩すことに加えて、パート
ナーの収入も非常に低くなければならないことを意味する。[30]

　ベルチャンバーは、「私たちの労働市場のフロアには 2 つの欠陥があ
る。私たちの労働市場活性化プログラムへの資金提供は乏しくてその有
効性には疑問がある。そして私たちの失業手当の代替率は悲惨である」。
　それに応じて、「経済が回復したら仕事に就いて、やっていけるよう
に、多くの失業者がスキルを向上させるのを助けるためのトレーニング
プログラム」が必要である。[31]
　彼は次のように振り返る。

　　オーストラリアの失業手当制度は、仕事がフルタイムで男性の稼
　　ぎ手によって行われ、失業が一時的なものであった時代に始まり…
　　その良い特徴は、公的資金によって、普遍的であることだ。しかし、
　　急速で継続的な技術変化の時代では、スキルは前例のないペースで
　　時代遅れになり、労働者は仕事の過程でますます多くの異なる仕事
　　をするようになった。[32]

　彼は、それゆえ「オーストラリアの…業界の老齢年金制度と並行した
新しい包括的な…失業保険制度には、長期的に大きな期待が寄せられ
ている」と主張している。同じく、「退職年金は退職時の所得保障に関

30　Ibid. pp.199, 200.
31　Ibid. p.201.
32　Ibid. p.202.

するものだ。失業保険は労働生活中の所得保障に関するものだ」。彼は、「実行可能な国家計画には多くの可能なバリエーションがある」と考える。これらには、「プレミアムレベル、給付金の支払い、アクティベーションに関する要件、強制の程度、資格基準、政府の役割など」が含まれる。

次に彼は、オーストラリアの失業保険についての「コンセプトの証明」を定量的に明確にするため詳細に報告する。総賃金の1%の支払いを全国的に失業所得保険の補償のためにプールするという例示的な制度において、どれくらいの水準で失業保険がもらえるのかを、オーストラリア労働組合協議会は調査してきた。

さまざまな「モデリング仕様」に基づいて、この「探索的保険数理原価計算」では、「スキームが経済的に実現可能で持続可能な」ことを示している。したがって、ベルチャンバーは「オーストラリアにおける賃金と関連する失業手当の支払いのための社会保険モデルの採用」を提案している。

これは「国の歴史的慣行からの大きな乖離を表すもの」とはいえ、より良い一連の労働市場活性化プログラムと組み合わせることで、オーストラリアの最低水準の社会的保護の大きな欠陥を修正するため、正しいというのが彼の見解である。[33]

デンマークの教育省は、19世紀のデンマークの教育思想家、グルンドヴィ（N.F.S.Grundtvig）のアイデアに影響を受けた、成人教育への全体的なアプローチを強調している。グルンドヴィは人々が人生のために発見をしたり、創造的な学習を行えるための無料の機会を提供することが重要と信じた。入手可能な国際比較統計によると、成人による仕事関連の教育への参加率は、デンマークでは35％であるのに対し、オーストラリアでは22％である。[34]

デンマークでは、年間100万人以上が参加している労働市場教育がある（ArbejdsMarkedsUddannelser または AMU）。デンマーク人

33　Ibid. pp. 202, 203, 204.
34　OECD, *Education at a Glance 2011*, OECD, Paris, 2011, Chart C5.2.

の 50 万人以上が参加する成人の職業訓練を意味する。[35] これは、デンマークの成人人口の 14 人に 1 人以上が職業訓練プログラムに参加していることを示唆する。[36] 参加のほとんどはパートタイムの参加であるが、15,500 人はフルタイムで参加している。

これらのデータは、デンマークで進行中の成人学習とスキルの向上の深さを示している。技能訓練は、雇用省と緊密に連携しているものの、教育省でしばらくの間行われてきた。トレーニングプロバイダーは、成人の教育と学習の特定の要件に十分に適合する準備をするため、関連分野での実践的な仕事と生活の経験を持っている必要がある。

デンマークの成人のさらなる教育とスキルの向上は、主に VEU センターによって調整されている。VEU はデンマーク語で Voksen-og EfterUddannelse の略語であり、成人の教育・トレーニングを意味する。さまざまな教育機関や実地訓練プロバイダーを調整するために、13 の地域指定の VEU センターがある。VEU が監督する AMU コースは集中的で、フルタイムである。コースでは、労働者のスキルアップの重要性を強調している。たとえば、失業者の元道路建設労働者については、労働者のそれぞれの職業に沿った能力の向上とともに、言語的表現や数学の一般的なスキルの向上も行う。

VEU センターの役割の中には、それぞれの専門分野でのトレーニングが必要な人が、専門学校や技術学校など専門分野を教えるのに実際の専門知識がある場所に確実に行くようにすることがある。これらの専門分野としては、キッチン、ホテル、レストラン、ベーカリーまたは製菓業界のスキルや、ガーデニング・園芸、金属細工、溶接および加熱技術、大工仕事、技術設備とエネルギー、管理業務、乳製品と農業、輸送またはソーシャル・ヘルスケア分野などがある。[37]

VEU センターが果たす調整の役割は、職業学校と専門学校がデンマークのより広い全国教育ネットワークの他の部分から切り離されない

35　Danish Ministry of Education, 'Adult Vocational Training' at http://eng.uvm.dk/education-and-continuing-training/Adult-vocational-training.

36　Calculations made by comparing the Danish Ministry of Education's statistics with the data for the population aged 18 and above in the relevant year as reported by Statistics Denmark.

37　Interview with Jens Jacob Bødker, Head of Operations at Næstved VEU Centre, Denmark.

ことを確実にする。これは、オーストラリアの TAFE カレッジの不安定な立場とは対照的である。特に厳しい公的資金の削減と、民間の資金源への依存に向けて推進された後はなおさらである。2011 年に政権について以来、デンマークの社会民主党主導の政府によって、職業訓練が強調されていることは VEU センターの役割にプラスであった。

デンマークでは実地訓練を志向しているため、たとえば看護助手になる研修をしている人は、ほとんどの時間を病院で過ごしながら学んでいる。その後クラスに参加して、医学、解剖学、衛生学、および関連する知識についての基礎を学ぶ。

デンマークの職業訓練アプローチは、実践と理論の実践指向の組み合わせである。教室での教育を強調しすぎず、主に関連する仕事の設備を使った実践的な作業を伴う。[38]

デンマークはまた非常に重要なこととして、認定された新しい資格を与えるために、教室タイプの学習に追加する事前の学習と経験の認識を強調している。教育機関はデンマークの労働者がすでに行ったことを評価し、認めている。したがって、煉瓦工と一緒の作業に長年の経験を持つ労働者は、煉瓦工になる成人の見習いコースの修了に向けて、その経験とその間に習得した知識・スキルを単位として認められる。

鉄鋼工場で数年間、低スキルの仕事をしていた人で、ブルーカラーの産業オペレーターなどより需要の高い、より高度なスキルのポジションに昇進したい場合は、彼らが以前に実際に行った実地訓練中、新しい仕事のために獲得した能力について正式に認定がなされる。

これにより、卒業証書またはその他のレベルへのスキルの向上について、より理論的な学校の要求を満たすために必要な期間が短縮される。

デンマークには、年間約 8,000 カ所を提供する大規模な成人見習いプログラムがあり、その 3 分の 1 は以前に失業者であった人々によって占められている。このプログラムは、適切な職業教育を提供するために 25 歳以上の成人を雇用している企業に対する雇用補助金で構成されている。

38　Hendeliowitz interview.

若くして十分な教育を受けていなかった低技能労働者が、職業教育を受けられることを目的としている。雇用主は見習いの給与を支払い、見習い期間の最初の2年間分（通常は4年間）の補助金を受け取る。助成金を受け取る条件の一つは、訓練契約は25歳以上の人と行う必要があることだ。

もう一つは、その人が職業教育を受けていないか、職業教育を受けていても過去5年間それを使用していないことである。あるいは、30歳以上の場合は9カ月以上、30歳未満の場合は6カ月以上失業手当や社会扶助を受けているという条件がある。

見習いは補助金が支払われている期間中に、同じセクターの低熟練労働者が受けることができる最低賃金に少なくとも等しい給与を受け取るという条件もある。デンマークの成人見習いの約40％は25歳から29歳である。一方、約60％は30歳以上だ。60％はスキルが低く、40％はスキルがより高いか、キャリアの方向性を変えるためにプログラムに参加する前に高等教育を受けている。

最近の評価によると、成人の見習いとして訓練を受けた被保険者の失業者や社会的支援の受給者は、卒業後1年目に就職する可能性が高い。[39] 成人の見習いを強化し、さらに焦点を当てることは、2014年2月に報告されたデンマーク政府専門家委員会によってなされたデンマークの積極的労働市場政策の成功に基づく推奨事項の一つである。[40]

ロンティルスク（Løntilskud）および会社のインターンシップ（Virksomhedspraktik）の職業訓練プログラムは、期間は4週間から6カ月（12カ月に延長される可能性がある）の範囲の実務経験またはインターンシップタイプの機会であるが、デンマークの労働市場・採用庁によって規制されている。プログラムは地方自治体と州によって助成されている。[41]

39　Per Kongshøj Madsen, 'European Employment Policy Observatory Review: Stimulating Job Demand: The Design of Effective Hiring Subsidies in Europe: Denmark', Centre for Labour Market Research, Aalborg, 2014, pp. 6-7.

40　*Veje til Job*, p. 9.

41　Interview with Helle Ekemann Jensen, Senior Adviser, Ministry of Employment, Denmark.

これらは失業者が、仕事をしていく上でお決まりの習慣やルーチンを体得または再獲得すること、社会的スキルとともにネットワークの改善、自信の向上などについて参加者にプラスの効果をもたらすようにデンマークの労働組合によってサポートされている。同時にこれらのプログラムは安価な労働力の基盤ではなく、既存の実際の有給の仕事を取って代わるものにならないようにすることが懸念される。[42]

デンマークでは、「フレキシキュリティ」において柔軟性と職の保障のどちらがより重要であるかをめぐって、雇用主と労働組合の間で絶え間ない綱引きが続いている。中道右派政府と中道左派政府の間にも同様の綱引きがある。したがって、2010年の旧中道右派政府は、失業手当の期間を最大4年から最大2年に短縮するために、2012年に発効した決定を下した。これにより、「フレキシキュリティ」のセキュリティ要素が減少した。2011年に選出された社会民主党主導の政府は、議会の過半数を持っていないため、これを覆すことはなかった。現在の連立政権の一部である社会自由党は、変更に賛成の投票をした以前の議会の多数派の一部だった。

しかし、2012年と2013年に新しい政策のために多くの失業者が保険給付の権利を失ったとき、現政府はその影響を乗り切る手助けの一環として、影響を受けた親を支援し、他の影響を受けた人たちの教育活動を支援するために、一連の特別支払いを提供した。[43] これは、デンマークが失業者に対して、より厳しい政策に実際に移行することに消極的であることを示している。

デンマークの雇用主も、失業手当の期間の短縮を支持したが、**手当の水準**については攻撃していない。雇用主は、デンマークで運営されている「フレキシキュリティ」を依然として広く支持しており、そこから、より熟練した労働者と彼らを訓練するための補助金の恩恵を受けている（もちろん、雇用と解雇の柔軟性に加えて）。

---

42 Interview with David Hedegaard Andersen, Adviser on Employment and Education, and Steen Jørgensen, Economist, Danish LO.

43 Information supplied by David Hedegaard Andersen, sourced from Danish Budget and Ministry of Employment documents.

したがって、デンマークでの綱引きは明確な範囲内で行われる。デンマークの雇用主と労働組合が多くの問題に関して組み込まれている参加と接触は、そのような参加と接触が少ない国よりも、労働者の削減の代替として交渉される労働時間のシェアリングの取り決めのためにより多くの能力を与える。雇用主と労働組合の間の相互交渉は、「ジョブローテーション」プログラムなどの改革も可能にする。

ジョブローテーションプログラムでは、組織内の1人以上の従業員が追加教育に参加し、失業者が一時的に業務を遂行する。これにより従業員はスキルを向上させ、失業者は一時的な仕事を通じてトレーニングと経験を積むことができる。

多くの場合、ジョブローテーションプログラムの労働者は参加後に採用される。雇用主は自分の従業員の教育費を支払う。ジョブローテーションプログラム労働者を雇用したことに対して、彼らは失業手当の最高額が補償される。さらにプラスして公的雇用主の場合は60％、民間雇用主の場合は80％の報酬が支払われる。ジョブローテーションの労働者は、一時的に就職するポジションの通常の賃金と労働条件で雇用される。

このプログラムは、少なくとも3カ月間失業している低スキル労働者に焦点を当てている。少なくとも週に10時間、雇用する必要があり、最長は12カ月間である。雇用主と失業しているジョブローテーション労働者の間で適切なマッチングを見つけることは非常に重要である。それゆえジョブセンターまたは失業基金は、このマッチングを行うために候補者との個別の打ち合わせを持つ。ジョブローテーションプログラムは、失業者と有給の雇用機会を結びつけながら、労働力の全体的なスキルを向上させる。ジョブローテーションプログラムの地域評価では、失業者が自立する可能性が20％ポイントも高くなることが示されている。[44]

マースク社が所有し、オーデンセ市にあるリンド造船所が2012年初めに閉鎖されたとき、デンマーク南部で推定8,000人の直接的および間

---

44 Danish LO materials provided by David Hedegaard Andersen. See also comments by Professor Henning Jørgensen from CARMA at Aalborg University quoted in *Nordic Labour Journal*, Work Research Institute, Oslo, May 2013, p. 14.

接的な雇用が失われた。デンマーク政府が採った政策対応は、1980年代にナクスコウで造船事業が閉鎖されたときのように、労働者の将来を支えてきた。その意図は地域の従業員のスキルを維持し、それらを大規模な再生可能エネルギーの開発に向け直すことだった。デンマークにはビジネスイノベーション基金があり、その目的は、「グリーン成長と福祉の中でビジネスチャンスをサポートすることによって、国のあまり有利でない地域において成長、雇用、輸出を促進し、新しいビジネスと成長の機会への切り替えをサポートすることである」。

この基金は、「企業への助成金と保証を通じて、大規模な相互出資によるイノベーションプログラム」に焦点を当てている。この基金から、デンマーク南部は3,700万デンマーククローネ（690万ドル）を受け取り、造船所のある地域を「新興企業向けのインキュベーション施設、テストセンター、その他の施設を備え、地域に再生可能エネルギーで新しいビジネスと雇用機会を引き付ける真新しいリンド再生可能エネルギーセンターに発展させた」。[45]

デンマーク政府は、欧州グローバル化調整基金から提供された資金を補って、解雇されたリンド造船所労働者の職業訓練と再スキル化に資金を提供している。この地域の再生可能エネルギー計画は、風力タービンの生産と操業に重点を置いている。デンマークの多くの地域で、地平線上に見え、あらゆる方向から見えている多くの風力タービンは、かなりの雇用創出のメリットに加えて、環境的にもプラスである。

北海のデンマークの部分での新しい風力タービンの建設と設置は、化石エネルギー源への依存をさらに減らす一環としてデンマークが現在着手しているいくつかの主要なインフラプロジェクトの一つである。多くの元リンド労働者は、そのプロジェクトに取り組むのに非常に適している。

政府の公式ウェブサイトによると、デンマークの企業はこれまでに世界の洋上風力タービンの90％以上を設置している。デンマークの電力システムの28％は現在風力発電によって供給されている。政府は、風

45　*OECD Reviews of Regional Innovation: Central and Southern Denmark 2012*, p. 109.

第4章

力発電の無尽蔵の天然資源を人々のエネルギー需要を満たすために使用するというデンマークの世界をリードする役割を継続する一環として、2020年までにこれを50％に引き上げることを目指している。[46]

ある研究者が述べているように、造船所の敷地の再生において、「リンドで取られた自治体によるパートナーシップのアプローチ、失業手当保険基金、そしてその場所の周りの民間のイニシアチブは、運命づけられたと思われたサイトをどのように再開発できるかを示した」。[47]

現在、デンマークで計画されているその他の主要なインフラプロジェクトには、次のものがある。高速接続による国鉄システムのアップグレードと改善。コペンハーゲンのメトロポリタン鉄道ネットワークの拡大。国道システムの近代化と拡大。国の南東からドイツへの道路と鉄道のトンネルの建設。

これらの投資は、北海の風力タービンと合わせて、2,000億デンマーククローネ（372億ドル）に達し、今後10年間で15万人の雇用を創出すると見込まれている。

同様に重要なこととして、カスタマイズされたプログラムを通じて、元リンド造船所の労働者や他の解雇された労働者を、これらの投資が生み出す新しい仕事のできるだけ多くに合わせるために真剣な努力が払われている。[48]

2014年2月に報告された労働市場政策に関するデンマーク政府専門家委員会による別の勧告は、「進行中および今後のインフラプロジェクトおよびその他の大規模建設工事の年次早期概観」および、特に「それらのインフラプロジェクトに関連する要求に適合した」「資格アップグレードのための地域基金」の実施に関するものである。[49]

インフラプロジェクトは、企業が大規模な建設プロジェクトに入札する場合、労働者が国の品質基準に一致するレベルのトレーニング証明書

---

46 See: http://denmark.dk/en/green-living/wind-energy/.

47 Interview with Christian Lyhne Ibsen, Employment Relations Research Centre, University of Copenhagen.

48 *Ekspertudvalget vedrørende Infrastrukturinvesteringer og Arbejdskraft og Kvalifikationsbehov*, Danish Ministry of Employment, Copenhagen, 2013.

49 *Veje til Job*, pp. 9,10.

141

を持つ必要があるという正式な要件を通じて、デンマークの人々のスキルの維持と向上にも関連している。

広範な民営化と規制緩和は、同様の要求を求めるオーストラリアの能力を弱体化させる傾向がある。デンマークの公共部門が今も行っている方法で多くの人々に仕事と技能訓練を提供していた公共部門の規模を、彼らはまた劇的に縮小した。

リンド再生プロジェクトは、ビクトリア州のラトローブバレーや、ニューサウスウェールズ州のハンターバレーの炭鉱センターなどの再生不可能な資源から伝統的にエネルギーを生産してきたオーストラリアの他の地域の将来、そして移行の可能性に大きな関心をもって想像をかきたてる例を提供する。

以前、オーストラリアで自動車を製造するために使用されていたエンジニアリングやその他のスキルは、たとえば風力タービン製造に適応できないという理由はない。オーストラリアでは、バイオマス、地熱、その他の再生可能エネルギーに必要な製造業を構築する可能性もある。オーストラリアは、デンマークほど多くの場所で風が豊富であるという自然の利点を持っていないかもしれない。

しかしオーストラリアは、すでにより広範囲に太陽光発電を開発しているいくつかの国を含む、ほとんどの国よりもはるかに大きな太陽光の自然の利点を持っている。オーストラリアは、特定の場所における太陽光の捕捉と利用をするさらなる大規模なイニシアチブによって、経済的、雇用的、環境的利益を生み出せる。これらは、現在太陽光発電パネルを設置している 100 万を超えるオーストラリアの家庭に追加されるだろう。

このようなイニシアチブは、オーストラリアが国の将来のエネルギー需要を満たすために、実行可能で好ましいと明らかにされた再生可能エネルギー生産のさらなる急速な成長の大きなポテンシャルの一部であろう。[50] そして、この成長が達成されることは、オーストラリアが明瞭かつ野心的な再生可能エネルギー目標を再確認し、堅持することにつなが

---

50 Ben Elliston, Iain MacGill and Mark Diesendorf, 'Least Cost 100 per cent Renewable Electricity Scenarios in the Australian National Electricity Market', *Energy Policy*, Vol. 59, August 2013, pp. 270-282.

る。成長を達成するには、オーストラリアが炭素価格設定への国際的な取り組みに歩調を合わせる必要もある。

オーストラリアでは、組合と雇用主の両方の同意を得て、成長の見通しを持つ多くの他の製造業の可能性が確認されている。これらは次の通りである。鉱業および建設部門向けの機械の製造、および航空宇宙産業向けの輸送機器。防衛サプライチェーンと海洋工学における活動の増加。そしてオーストラリアの都市と地域のインフラのさらなる発展。[51] 解雇された自動車や他の労働者のスキルは、緊急の優先事項として、これらの潜在的な成長分野とリンクされるべきである。

デンマークのリンド・プロジェクトはより一般的には、オーストラリアが同様に、自動車やその他の製造労働者の技能や経験を捨てるというのではなく、それらを国益のために更新し、アップグレードすること、それらを支援、維持、利用するように準備すべきことを示している。これを起こす一つの方法は、産業の変化によって不均衡な影響を受けた特定の地域に集中する解雇された労働者のための場所を基盤としたイニシアチブである。

オーストラリアの政府諮問機関による最近の報告によると、製造業労働者の45％以上が学校卒業後の資格を持っていないが、業界のほぼ90％の仕事でこれらの資格が必要とされている。オーストラリアの製造業が追加のハイテク・ニッチ市場に参入するには、より優れたスキルが明らかに必要である。オーストラリアでは製造業に未来があるかもしれないが、この未来の実現の一環として、製造業の労働者の技能と資格を適応させる必要がある。レポートは、「支援パッケージと組み合わせて、労働者が新しい役割に移行するのを支援する戦略」を推奨している。

また、製造業の労働者がこれまでの職業生活の中で築き上げてきた「スキルと専門知識」を明確にし、正式に認識するのに役立つ方法で「事前学習の評価」を推奨している。将来、科学、技術、工学、数学のスキルの需要は高まる。したがって、これらの能力は特に構築する必要

---

[51] *Prime Minister's Manufacturing Taskforce: A Report of the Non- Government Members,* Commonwealth of Australia, Canberra, August 2012, pp.2, 5, 4.

がある。[52] したがって、オーストラリアの製造業の多くの労働者は、言語表現や数学のスキルの向上を強調するものを含め、デンマークですでに実施されている種類の高度なプログラムの恩恵を受けるだろう。

デンマーク政府は、失業者のための教育と訓練への投資を増やし続けている。これは、失業者を新しい仕事に就かせるための建設的なデンマークのアプローチと、これまで以上に厳しく、より否定的なオーストラリアの政策の方向性との明確な対照を示している。

オーストラリアは、デンマークの「フレキシキュリティ」スタイルと、スキルの向上、デンマークで長い間失業者に提供されてきた労働市場プログラムと、雇用サービス支援の活性化から学ぶことができる。そうすることでオーストラリアは、製造業などの業界で以前の仕事を失った多くの「働き盛り」または「成熟年代」の労働者に、トレーニングがうまくいくように改めていける。

このトレーニングは長期間にわたって行えて、オーストラリアで以前に行われた、または考えられていたよりも、特定の場合にはスキルアップがより根本的なものになる可能性がある。政策アナリストや実務家が行ってきたオーストラリアがデンマークのアプローチから学び、その恩恵を受けるための努力は、今や行動に移す必要がある。デンマークの経験から導き出されたオーストラリアの失業保険の適切なスキームに向けて行われた詳細な作業は、今、再検討され、更新され、微調整され、そして導入のために擁護される必要がある。

アボット政権は、熟年層の失業者の窮状に対して、絶望的な失敗をしている。人形でもできる仕事（訳注：誰でもできてスキルアップにつながらない仕事）のためのプロジェクトを延長する決定は、失業者に質の高いスキルトレーニングを提供することに大きな関心がないことを示している。デンマークの先例によって知られた積極的労働市場プログラムおよび他のトレーニングプログラムをオーストラリアに導入することは、それらの労働者の多くに新しい、または更新された一連のスキルを提供するのに役立つ。これによりオーストラリアの労働者は変化する需要に

52　Australian Workforce and Productivity Agency, *Manufacturing Workforce Study*, Australian Government, Canberra, 2014, pp. 16, 13, 15.

対応するとともに、オーストラリアの労働力による産出の価値が高まる
ようにその才能を用いて寄与し続けるようになるだろう。

第5章

公共財のために──
ノルウェーの天然資源の富への包括課税と規制

　ノルウェーの経済はオーストラリアと同様に、天然資源の採掘に大きく依存している。しかしオーストラリアとは異なり、ノルウェーは国の長期的な利益のために天然資源の恵みを管理するために一貫して行動してきた。

　西オーストラリア州ピルバラ地域の広大な鉄鉱石鉱床、ボーキサイト、石炭、その他の鉱物の採掘と輸出の拡大、および沖合の石油とガスの採掘などが合わさって、1960年代のオーストラリアにおいて、最初の主要な民間「資源ブーム」が起きた。

　1972年に選出されたホイットラム労働党政権は、過去数十年間に政権を握っていた中道右派政党の下でよりも、オーストラリアの国民がこの資源ブームの下で大きな分け前を獲得できるように努めた。

　政府は民間（主に海外所有）の鉱業会社が支払うべき税の課税が不十分であることを明らかにし、彼らが過度に利益を上げていた税制優遇措置の一部を撤廃した。オーストラリアの鉱物および石油資源についてのより大きな政府の財産権と、鉱業に関連するより多くの関連産業の発展を求めた。

　ホイットラム政権はまた、オーストラリアの北西の海洋棚で発見された液化天然ガス（LNG）をオーストラリアの南東部にある天然ガスの需要が高い中心地に送るために、大陸横断パイプラインネットワークを構築することを想定していた。この取り組みにより、オーストラリア中部からシドニーにガスを運ぶパイプラインや、オーストラリア政府による鉱業会社との取引における国益の追求など、いくつかの有益な遺産が

残された。[1]

しかし、政策は「ローン事件」をめぐる一般的な政治論争と、1975年のホイットラム政権の激動の最終年に巻き込まれ、傷つけられた。1970年代半ばの国際的な景気後退の前に労働党の当初の大掛かりな構想のより多くが失敗したことは、オーストラリアにとって多大な損失であった。

それと同じ時期にノルウェーは、北海の領海で最近発見された豊かな油田からの国家的利益を永続させるための基盤を確立した。ノルウェーの労働党も1970年代初頭に政権に選ばれ、国営企業を利用して天然資源を管理し、国独自の産業能力を構築するというアイデアを持っていた。

政府は公務員の支援を受けて、ノルウェーの新しい北海油田を掘削するようになった国際石油会社に対する多額の課税を確立した。また、すべての新しい油田の50％の所有権を取得した国営石油会社であるスタトイル（Statoil）の設立にも成功した（訳者注：最近ではエクイノールと社名変更）。その後、政党間の支援により、さまざまな政党が主導する後の政府によってもこれらの政策の継続は保証され、続いた。

1972年に実際、ノルウェー議会は石油開発のための一連の基本原則を全会一致で採択した。これらの原則には、「NCS（ノルウェー大陸棚）でのすべての操業について国家の監督と管理を確保する必要がある」、「ノルウェーが原油の供給に関して他国から可能な限り独立するような方法で石油の発見を活用する必要がある」ことが含まれていた。さらに、「石油を基盤とした新産業の発展」と「石油産業の発展は、既存の産業活動を十分に考慮しなければならない」とされた。

それに加えてノルウェー議会は、国がすべての適切なレベルで関与し、ノルウェーの石油産業におけるノルウェーの利益の調整、および国内および国際的な視野を設定する統合石油コミュニティの創設に貢献する必要があると満場一致で決定した。

1　Gough Whitlam, *The Whitlam Government, 1972-1975*, Viking, Melbourne, 1985, pp.249, 259, 250; Michael Sexton, *Illusions of Power: The Fate of a Reform Government*, Allen and Unwin, Sydney, 1979, pp.95,106; and Gary Smith, 'Minerals and Energy' in Allan Patience and Brian Head (eds.), *From Whitlam to Fraser: Reform and Reaction in Australian Politics*, Oxford University Press, Melbourne, 1979, pp. 233-241.

先見の明のある宣言の中で、議会はまた、「石油産業の発展は、自然と環境の保護を必要に応じて考慮しなければならない」と宣言した。[2]

1970年代初頭にノルウェーでこれらの目的のために一致して議決できたのは、最初の北海油田の発見が行われたときにノルウェーで操業している民間石油会社はなかったためだっただろう。これは、石油産業へ広範に政府が関与することについて、中道右派の政党が反対の計画を立てるように促す明確なビジネス関係者がいないことを意味した。

石油は国のものであるという原則も広く受け入れられた。雇用主は、他の多くの問題について、より多くの右翼セクター（特に船主）と穏健な実業家（ノルスク・ハイドロ社を含む）の間で分かれていた。彼らは自分たちをノルウェー社会の一部と見なし、三者協議と関連する責任を受け入れた。それでも、ノルウェーが天然資源を引き受けた政策の方向性から、どちらも利益を得そうであった。船主は自国の産業を石油掘削装置の建設などの新しい活動に移行する機会として、迅速に行動した。[3]

ノルウェーで資源を開発するための合意された政党間アプローチは、1970年代のオーストラリアの二極化した政党政治とはまったく対照的だった。ノルウェーで最初に作られたロイヤルティに基づく資源税の仕組みは、資源の採掘から得られる実際の利益幅に確実に一致するように、1974年に修正された。[4]

対照的にオーストラリアでは、資源に対する課税措置は断片化され非常に複雑で、州と準州の間で大きく異なる方法で課税され続けた。これらの税制は非効率的であり、それに追いつくための設備が整っていなかったため、民間鉱業会社の利益の伸びのほんの一部しか捉えていなかった。

また、ノルウェーの意思決定者は石油産業の拡大とともに、国の輸送とインフラを開発するための介入主義政策を採用した。これには、パイ

2　Quoted in Bjørn Vidar Lerøen, '10 Commanding Achievements: The Norwegian Oil Model' in Bjørn Rasen (ed.), *Norwegian Continental Shelf: A Journal from the Norwegian Petroleum Directorate,* Vol.7, No.2, 2010, Norwegian Petroleum Directorate, Stavanger, pp.11-13.

3　Interview with Helge Ryggvik.

4　Helge Ryggvik, *The Norwegian Oil Experience*: *A Toolbox for Managing Resources?*, Centre for Technology, Innovation and Culture, University of Oslo, Oslo, 2010, p. 51.

プラインの大規模で精巧なネットワークとなるものの建設と運用が含まれていた。[5]

政府は、ノルウェーが荒れた北海海上でも対処できる新技術を開発するため行動した。製造、エンジニアリング、情報通信技術およびビジネスサービスに携わるノルウェーの企業は、政府の支援政策に支えられて、新しい石油およびガス産業が開拓した大規模市場での販売を拡大した。[6]

コンクリートの製造と使用に関する既存の国内専門知識は、主要なコンクリート貯蔵タンクの建設および深海の海底に据える巨大な新しいプラットフォームの基盤を形成するコンクリート基盤構造の建設に活用された。これらは何万もの仕事をノルウェーに生み出した。その後、ノルスク・ハイドロ社は石油会社に変わっていき、鉄鋼から製造された生産掘削プラットフォームに重要な漸進的改良を施した。[7]

スタトイル社は、石油産業へのノルウェーからの原油供給を立ち上げるのに役立ち、石油・ガス関連産業に関するノルウェーの現地調達について強い政策を求めた。

オーストラリアでも同様に労働組合なども、資源の採掘とともに他の産業の発展および現地調達を長い間求めてきた。これらの努力は、鉱業部門だけで行われたのではない。また、北西棚 LNG プロジェクトや、バス海峡での石油および液化石油ガス（LPG）の生産でもなされており、どちらもノルウェーの石油生産と同じ時期に開始された。しかしながら、オーストラリアでは、資源採掘に基づいた現地調達および産業発展への努力についての政府の支援はノルウェーよりも著しく少なかった。

ノルウェーの石油産業の歴史について幅広く執筆しているヘルガ・リグヴィク博士は、ノルウェーの教育システムが、新たに天然資源の富が

5　Ibid. pp. 24-26, 28; and Yngvild Tormodsgard (ed.), *Facts 2014*: *The Norwegian Petroleum Sector*, Norwegian Ministry of Petroleum and Energy, Oslo, and Norwegian Petroleum Directorate, Stavanger, 2014, pp.18-19, 21.

6　See the introductory chapter of Jan Fagerberg, David Mowery and Bart Verspagen (eds.), *Innovation, Path Dependency and Policy: The Norwegian Case*, Oxford University Press, Oxford, 2009, p.7.

7　Ole Andreas Engen, 'The Development of the Norwegian Petroleum Innovation System: A Historical Overview' in Fagerberg, Mowery and Verspagen (eds.), *Innovation, Path Dependency, and Policy: The Norweigian Case*, pp.192, 199, 195.

発見されたノルウェーの新しい可能性に向きを変えることで、新しい産業のニーズを満たすために多大な努力を払ったという事実から、スタトイルがどのように恩恵を受けたかについて説明している。

ノルウェーのトロンハイムにある技術学校は、関連する資格を取るエンジニアのトレーニングを開始した。さらに、学生が自分の将来を考えたとき、スタトイルはキャリアを始めるための最高の選択だった。オスロ大学とベルゲン大学の地質学部では、教育と研究の重点をノルウェーの乾燥した土地を特徴付ける岩盤から、石油が見つかる堆積岩の種類に急速にシフトさせた。ノルウェーの産業を支援する政策から大きな恩恵を受けた多くの企業の一つは、今日、世界中で高度な地震サービスを提供しているペトロリウム・ジオサービスだった。[8]

スタトイルはまた、石油産業に関連する研究の主要なテーマがノルウェーで実施されることを主張した。拡大する資源採掘産業に関連する分野での研究開発に対するノルウェー政府の支援により、応用地質学、掘削技術、石油回収、油田からの流体の輸送に関するかなりの地域の研究の専門知識が発展した。[9]

ノルウェーには現在、掘削と水中インフラストラクチャの専門知識を備え技術的に世界をリードする企業が数多くある。

ノルウェー政府から財政的支援を受けている三者の協同組織は、石油採掘に関連した製品開発とノルウェーからの製品輸出に関して公的部門と民間部門の間の協力を続けている。[10] これらの輸出には、プラットフォームデッキと掘削パッケージが含まれる。[11]

ノルウェーの専門的技術力は、とりわけ西オーストラリアの鉱業で長い間仕事をしてきた主要なエンジニアリングおよびプロジェクトサービス会社の最高経営責任者から認められたものである。

クラフ・コーポレーションのケビン・ギャラハー氏は、ノルウェー政府が「1972年にノルウェーでこれらのスキルを開発するため、地元の

8　Ryggvik, *The Norwegian Oil Experience*, pp. 42, 62.

9　Engen, 'The Development of the Norwegian Petroleum Innovation System', pp.194, 201.

10　*INTSOK Norwegian Oil and Gas Partners 2013 Annual Report*, INTSOK, Oslo, Stavanger and Bergen, 2013, p.2 and passim.

11　Tormodsgard (ed.), *Facts 2014: The Norwegian Petroleum Sector*, p.56.

テクノロジー企業や専門エンジニアリング企業と提携することを奨励するポリシーを実施した」ことを称賛している。彼はまた、「今日のノルウェーは…戦略的に重要なスキルの輸出国である」ことや、「ノルウェーの証券取引所に 50 ものサービスプロバイダーが上場しており、…累積時価総額は約 500 億ドルにのぼる」ということなどの成果を称賛している。

ギャラハーは、資源産業に関連する他の企業のリーダーとともに、オーストラリアが独自の行動を取って、地域の技術開発と革新をより大きく達成することは依然として可能と考えている。[12] オーストラリアにとってのチャレンジは、現在行っている天然資源の採掘以上に、ノルウェーのように投資を行って輸出可能なスキルを築き、ブームを超えて経済を維持するのに役立てることである。そしてノルウェーは資源の富を非常に短期間で取り扱ってきたという点は、英国などの他国とは大きく異なるのである。

ノルウェーとは対照的に、英国は、特にサッチャー時代の富裕層への減税の実施を通じて、北海油田の自国と近隣のシェアから引き出した富の多くを損なっていることで悪名高い。

ホイットラム政権の崩壊後、オーストラリア労働党は 1988 年まで、公営企業（オーストラリア炭化水素公社）がオーストラリアの石油およびガス資源の開発に参加し、自らを石油会社として行動する方針を公式に継続した。しかし、ノルウェーのスタトイルのような組織を創設したであろうこの政策は、ホーク労働党政府によっては実施されなかった。ホーク労働党政府は民営化と規制緩和の経済政策の追求に目を向けた。

しかし、ホーク政府は 1987 年に石油資源地代税（PRRT）を導入した。オンショア鉱物鉱床の課税は、州と準州の間で異なる取り決めが精密に決められ続けてきたわけだが、オフショア資源に対しては、国が明確な管轄権を持っていたのでそれが可能であった。オーストラリアの資源採掘全体に占める石油の割合は、ノルウェーのそれよりもはるかに小さいため、オーストラリアの資源産業全体はノルウェーに比べて非常に軽い

12　Comments made on ABC television program *The Business*, 13 November 2012.

課税がされたままだった。

　石油産業の規模が大幅に拡大し、ノルウェー経済にとって特に大きく重要な割合となっていることを認識し、1990 年、ノルウェー政府は石油からの収入が無責任に使われないように規制する新たな措置を講じた。

　政府は石油基金を設立し、1996 年にその中に資金が預けられ始めた。2006 年にこれは政府グローバル年金基金（Statens Pensjonsfond）になった。ノルウェー人からは一般的に Oljefondet（石油ファンド）と呼ばれているが、世界の他の地域ではノルウェーの「ソブリンウェルスファンド」と呼ばれることもある。この基金は、財務省を通じてノルウェー国が完全に所有している。ノルウェーの中央銀行（Norges Bank）によって管理されている。

　それは 5 兆ノルウェークローネ以上の価値に成長した。[13] これは 8,000 億ドル以上に相当する。この基金は、税金、所有権、スタトイルからの配当など、政府がノルウェーの石油とガスから受け取るかなりの収入をすべて繰り入れる。次に、これらの収益が国の為替レート、ひいてはノルウェー経済に悪影響を与えるのを防ぐために、これらをノルウェー国外に投資する。

　オーストラリアの将来の税制の主要なレビュー（以下、ヘンリー税務レビューと呼ぶ。議長（当時の財務長官）ケン・ヘンリーにちなむ）は2008 年に委託され、2009 年に最終報告書（ヘンリー報告書）を発行した。[14] このレビューのために準備された文書（公的には未公開）は、ノルウェーで「政府グローバル年金基金が 2 つの主要な目的で鉱業からの収益を投資するために使用されている」ことを明らかにした。

　1 つ目は、「石油収入を将来の世代だけでなく現在の世代も利用できるようにするため」、「公的支出が多すぎて税金で賄えない時期に政府に貯蓄を提供すること」である。2 つ目は、「石油部門の価格と採掘率の変動から経済を保護する」ために、「現在の石油収入」を「経済におけ

13　See the relevant section of the Norwegian Ministry of Finance web site at http://www. regjeringen.no/en/dep/fin/Selected-topics/the-government-pension-fund/market-value-of-the-government-pension-f.html?id=699635.

14　Australian Government, *Australia's Future Tax System: Report to the Treasurer December 2009, Overview*, Commonwealth of Australia, Canberra, 2010.

第5章

るこれらの収入の使用」から分離することである。

　この第2の目的は、経済学者の間で確立された、豊富な天然資源を持つ国は、国の通貨が国民経済の他の部門に不利益をもたらす程度まで上昇するのを防ぐ方法でこれらを管理する必要があるという原則に沿っている。

　ノルウェーでは、ヘンリー税務レビューのワーキングペーパーのオーストラリアの著者も指摘しているように、ソブリンウェルスファンドの使用は4％まで、もしくはファンドの年間期待実質収益率に制限されている。ルールは、収入の使用が長期にわたって持続できることを保証することである。

　政府は、この基金は貯蓄ではなく、石油資産から金融投資への転換を表していると考えている。[15] これらの投資の一部は、毎年国が使用することができる。

　したがってノルウェー政府は、予算編成のために、毎年、政府年金基金の投資の最大4％（または予想される年間実質収益率）の恩恵を受ける。同時に、ファンドはまったく無傷であり、将来に向けて成長している。

　オーストラリアの首尾一貫した国の鉱物税の欠如は、2000年代に発展した新しい資源ブームにおいて、経済の非鉱業部門に明らかな問題をもたらした。これらの問題は、オーストラリアの最新の資源ブームが煽ったドル高のために輸出がはるかに高価になった製造業によって特に感じられた。

　この文脈で第一次ラッド労働党政府は、2010年5月の予算で、新しい40％の資源超過利潤税の計画を発表した。計画は、オーストラリアの資源税を統合および更新するという特定の勧告に沿ったものであった。

　これは、ヘンリーレポートを作成した委員によって作成された。その委員には、オーストラリア産業団体の最高経営責任者が含まれていた。

15　Lindsay Hogan and Rebecca McCallum, *Non-Renewable Resource Taxation in Australia*, Australian Bureau of Agricultural and Resource Economics - Bureau of Rural Sciences (ABARE-BRS) Report prepared for the Australia's Future Tax System Review Panel, ABARE-BRS, Canberra, 2010, p.15.

提案された新しい資源超過利潤税は、非常に拡大している鉱業会社の利益に対する課税が不十分であったために、オーストラリアに権利があった多くの貴重な収入を奪われていた事実の是正を目的とした。政府の文書に、顛末が報告されている。

　　資源価格が上昇した最近の期間にわたって、既存の資源税とロイヤルティを通じてコミュニティが受け取った分け前は、価格上昇によって増加した留保金に占める割合は減少していた。…実効資源課金（獲得した超過利潤のパーセンテージ）は、この10年の前半は平均約34％であったが、それから半減しており、2008年から2009年にかけては14％未満になった。既存の資源税とロイヤルティは、資源留保金の増加した価値の一部の配当でしかなかった。2008〜2009年の資源利益は、1999〜2000年より800億ドル以上高かったが、政府は資源課金を通じて追加的に集めたのは90億ドルだけであった。[16]

　今、オーストラリアはノルウェーから何かを学んでいるようだった。確かに、オーストラリアで提案されていたこの新しい税に関する議論の間に、財務長官であったケン・ヘンリーは上院の予算の見積もりの委員会の公聴会で、オーストラリアの提案された税よりもはるかに高い割合の利益を受け取っているにもかかわらず、ノルウェーが依然として非常に多くの民間資本投資を引き付けていることを明確に指摘した。[17]
　ヘンリー税務レビューの報告書は、ノルウェーの資源課金システムが、国の石油探査と開発を支援する上でどのように重要な役割を果たしたかについて記している。
　オーストラリア政府の2010年の政策発表では、ヘンリーの報告に続

16　Australian Government, *2010-11 Australian Government Budget—Budget Paper No.1*, Commonwealth of Australia, Canberra, 2010, Statement 4; Australian Government, *The Resource Super Profits Tax: A Fair Return to the Nation*, Commonwealth of Australia, Canberra, 2010, p.10.

17　Commonwealth of Australia, Official Committee Hansard Senate Economics Legislation Committee Estimates (Budget Estimates), Canberra, Thursday, 27 May 2010, p. 25.

いて、「ノルウェーが資源に関する超過利潤に78％の総税率を課す方法について、これは50％の超過利潤ベースの税率と28％の法人所得税で構成される。超過利潤ベースの税の支払いについては、法人税レベルでの控除はない」ことを明らかにした。[18]

したがって、2010年に鉱業会社によって放たれた敵対的で脅迫的なキャンペーンは、あたかもオーストラリアが世界最高の資源税に移行しようとするかのように示唆するものであり、非常に誤解を招くものだった。その会社が行った国際的な税の比較では、鉱物と並んで石油は含まれていなかったのだ。

それでも、オーストラリアの労働党政府は当初の税制への支持を得られなかった。これは一部には、平等主義者の議論に対して十分に強くアピールするものではなかったこと、および国際的な先例から関連する証拠を適切に強調していないことが原因だった。

2010年の資源超過利潤税政策案も、非常に細分化された労働党指導部の策略に巻き込まれて弱体化した。政府から伝えられた提案のメリットは非常に弱いものだった。[19]

オーストラリアの一部の鉱業会社は、提案された新しい税金の支払いへの反対に政府が屈しない限り、2010年以降にオーストラリアでの操業を終了すると脅迫した。国際石油会社はノルウェーに対したのと同様の戦術を試みた。

たとえば、1969年に北海のノルウェーの区画で最初の主要な油田が発見された後、アメリカの民間の石油会社フィリップスは、フィリップスにその戦略的に重要な役割を与えるのではなく、スタトイルがノルウェーの石油パイプラインの主要な所有者および管理者になるという決定に激しく抗議した。しかしながら、

結局のところフィリップスは…油田に非常に多くの石油があり、

18　Australian Government, *The Resource Super Profits Tax: A Fair Return to the Nation*, p.11.

19　David McKnight and Mitchell Hobbs, 'Public Contest through the Popular Media: The Mining Industry's Advertising War against the Australian Labor Government', *Australian Journal of Political Science,* Vol.48, No.3, 2013, pp.315-316.

それでも大きな利益を生み出すだろうと計算した…そのようなことで、ノルウェーは外国企業がどのようにロビイングと影響力を組み合わせて使ってくるかを初めて経験した。外国企業は、明らかにもっともらしく揺るぎない地位を確立するためにロビー活動と影響力を使う。しかし実際には比肩する反対勢力によってチャレンジを受ける可能性があった。[20]

同様に、1974年に税制改正が行われたとき、フィリップスと他の主要な石油会社は怒って抗議したが、「ノルウェー財務省は…怖がらなかった。その根底にある理解は…国は『コミュニティに届けるために』大規模な油田からの経済的利益の可能な限り最大のシェアを目指す必要があった」というものだった。さらに同省は、「石油会社は他の業界に匹敵する、またはそれ以上の利益を確保している限り」事業を継続すると正しく判断した。[21]

2010年から2012年までのオーストラリア政府は、同様に鉱業会社の脅威を信じ込まなくてもよいものとして認識すべきだった。それらの脅威を拒絶することも同様にしっかりできたはずだ。

代わりに、当初提案された2010年の資源超過利潤税を水で薄めたような2012年の鉱物資源地代税（MRRT）に引き下げることによって、徴収できる金額ははるかに少ないと想定された。最初に徴収された金額はとても少なかった。まだ、オーストラリアには国益のために鉱業への課税を継続する可能性が残っている。

鉱物資源地代税を切り捨てるというアボット政府の決定は、オーストラリア全体が権利を有し、非常に多くの社会的に有用な支出目的に使用できる、主に海外所有の資源会社からのさらなる潜在的収入を不必要に見送るものだろう。一方、オーストラリアの一部の論評は、ノルウェーにおける課税および規制の状況は、ありえないほど抑止的だと誤って書いているが、その間もノルウェーではBP（英国石油）やエクソンモービルを含む国際的な民間石油会社が利益を上げ操業を続けている。

20　Ryggvik, *The Norwerian Oil Experience*, p.30.
21　Ibid. p.52.

スタトイルの業務範囲は、権力の過度の集中を防ぐために、超党派の支援を受けて 1985 年に制限された。それ以来、ノルウェー政府の石油産業への直接的な関与の半分は 2001 年以来、国の南西部にある賑やかな石油の町スタヴァンゲルにあるペトロと呼ばれる別の国の持ち株会社によって管理されている。

1970 年代初頭に設立されたもう一つの重要な公的組織は、ノルウェー石油管理局であり、石油産業を規制し専門家による独立した分析を提供するためのものである。

スタトイルはまた現在、2001 年以降の一連の変化を経て 3 分の 1 が民営化された。これは新自由主義経済思想の部分的な影響を反映している。それは 1980 年代から世界中で打ち寄せてきたが、英語圏の国々よりもはるかに少ない影響度で北欧諸国に到達した。

今日の英語圏の国では、国営石油会社のアイデアは非常に過激で異質に見えるかもしれないが、サッチャー政府が 1987 年に完全に民営化するまで、BP 自体はほとんど国有だった。

今日、依然として政府が多数派で所有するスタトイルは、ノルウェー社会に報酬をもたらす仕方で、ノルウェーが国際エネルギー産業に参入するのに重要かつ効率の良い役割を果たし続けている。

ノルウェーの課税と資源富の規制からの収入は、オーストラリアのあまりにも多くの人々が、1970 年代以降非現実的であり放棄する必要があると考える別の政策を継続することにも貢献している。無償の大学教育はノルウェーでは完全に賄えるものである。

ノルウェーのグローバル年金基金は、非常に倫理的な原則に従って運営されている。たばこや武器の生産に関与している企業、または環境被害を引き起こしている企業からの投資を排除した。ノルウェー議会はまた石炭の深刻な汚染効果のために、現在、石炭から基金の投資を削除することを検討している。

これらの政策は、環境に責任のある国としてのノルウェーの役割を継続している。この役割は、ノルウェーの元労働党首相であるグロ・ハーレム・ブルントラントによる国際的な貢献と密接に関連している。彼女は 1981 年にノルウェー初の女性首相になり、1986 年から 1989 年までと、

1990 年から 1996 年まで再び首相になった。首相になる前の彼女の唯一
の大臣職は環境大臣だった。

　首相としての最初の任務に続いて、彼女は 1983 年に国連によって設
立され、1987 年に私たちの共通の未来と題された画期的な報告書を発
表した環境と開発に関する世界委員会を率いた。グロ・ハーレム・ブル
ントラントの環境問題に関する個人的な見方は、アメリカでの不平等を
目の当たりにした彼女の初期の経験と、医師としてそして公衆衛生研究
者としての彼女の仕事によって形作られた。

　彼女は幼い頃から人々の健康、特に社会経済的不利益を経験している
人々の健康にとって環境保護がいかに重要であるかを認識していた。彼
女はまた、環境政策と経済政策を結びつける必要性を早期に認識した。

　ブルントラントは回想録に環境省だけでなく「財務エネルギー省」で
も生態学的アジェンダを追求することがいかに重要であるかについて書
いている。これらの省だけが「彼らが本当に違いを生むように適用でき
る権限と予算を持っているから」であった。[22]

　20 世紀後半にノルウェーが果たした先駆的な役割は、従業員が「労
働環境」をより細かく管理できるようにする取り組みであり、同様に、
「労働環境」の概念と用語（28 ページを参照）は、「環境」を切り分け
られた境界領域への関心として扱うのではなくて、日常の経済生活に環
境問題をもたらした。

　大規模な石油生産国としてのノルウェーの立場、そして海底でより多
くの石油を見つけるためにさらに北に突き進み続けるという一部のノル
ウェー人の野心は、環境に責任のある国としての役割との緊張を生み出
している。[23] それにもかかわらず、21 世紀の切迫した国際的議論の中で、
環境を脅かす気候変動にどのように温室効果ガスの排出削減で対応する
かについて、ノルウェーは世界のリーダーであり続けている。

　オーストラリアの専門家であるロビン・エッカースリーは次のように

22　Gro Harlem Brundtland, *Madam Prime Minister: A Life in Power and Politics*, Farrar, Strauss and Giroux, New York, 2002, p.198. See also pp. 18, 27, 42, 52, 89, 195, 200, 211, 226, 229, 268.

23　Ryggvik, *The Norwegian Oil Experience*, pp.91-94; Robyn Eckersley, 'Poles Apart?', The Social Construction of Responsibility for Climate Change in Australia and Norway', *Australian Journal of Politics and History*, Vol. 59, No. 3, 2013, pp.386, 389, 390.

書いている。「ノルウェーの緩和目標はオーストラリアよりも根本的に野心的であり、世界で最も高いものの一つである」が、「オーストラリアの目標は先進国のうちの低位にとどまっている」。

この違いはある部分、「オーストラリアの政治指導者の気候論議は、ノルウェーの政治指導者のそれよりもはるかに分断されている」ためと彼女は指摘する。

オーストラリアでは主要な政党に「はるかに大きな気候変動否定論の緊張がある」。たとえば、地球温暖化とそれに関連する環境の壊滅的傾向についての圧倒的な科学的証拠を受け入れることを拒否する。これは、この本で議論されている他の多くの政策分野と同様に、北欧諸国よりもオーストラリアの「はるかに敵対的な政治文化を反映している」。[24]

ノルウェーではスウェーデンと同じように敵対主義は弱いが、オーストラリア議会や世界のほとんどの議会とは異なり、国会で議員が座る席は国会議員が代表する地理的要素に従って配置されており、政党の所属ごとに配置されるのではないことは一つの理由である。

したがって同じ地域であるが異なる政党の議員は、ノルウェーとスウェーデンの議院においては隣同士に座っている。この仕組みは、一つの政党のすべてのメンバーがただ集まって、無意識のうちに相手側に対して叫び声をあげるような傾向を弱める。したがって、政治家が短期的な利益のために敵との違いを人為的に誇張する可能性が低くなる。その代わりに議会のこの議席配置は、合意できる地域があるかもしれないという発見を促す。

ノルウェーの課税と規制へのアプローチは、国の天然資源が経済的に持続可能な方法で使用されることを保証するだけではない。また、主要な環境プロジェクトに対する公的資金支援の基礎をもなしているのだ。

ノルウェー政府は2012年に、鉄道への投資による都市や大きな町の公共交通機関の改善を含む一連の新しいイニシアチブを発表した。さらに、二酸化炭素ガスに対抗するための森林の重要性を認識し、したがってそれらの森林を保護すること、2020年までに炭素の回収と貯留のた

24　Eckersley, 'Poles Apart?', p.390.

めに少なくとも一つの本格的な実証施設を建設することである。

　さらに、温室効果ガス排出量をより削減する技術開発のために、気候、再生可能エネルギー、エネルギー効率対策のための緑の気候基金が設立された。この基金への政府の投資は、2020年に500億ノルウェー・クローネ（83億ドル）に増加する。[25]

　責任ある市民として、公の議論の中で文明の規律を遵守するという感覚を持つ北欧の多様な資本家達に会ってみたい。それは、オーストラリアの資源採掘業界で非常に著名になった、よりテキサス石油スタイルの「フロンティア資本家」とはまったく異なっている。

　そのような個人には、2010年から2012年にかけての公平な鉱業税に反対するキャンペーンの最も著名な公的参加者の一人であった億万長者ジーナ・ラインハートが含まれる。彼女は、彼女が相続した鉄鉱石採掘会社を設立した亡き父のラング・ハンコックを誇りにしている。

　1981年10月5日のブリスベンのテレビ番組のインタビューで、ラング・ハンコックは、彼が混血児と呼んだ先住民族のオーストラリア人に関連して「水をドーピングするだろう、不妊状態になり、将来自分たちで繁殖するだろう、そしてそれは問題を解決するだろう」と述べた。[26]

　ジーナ・ラインハートはまた、いくつかのかなり攻撃的なことを言う。

　たとえば、彼女はオーストラリア人は、1日2ドル未満しか受け取らない海外の労働者と競争するためにもっと一生懸命働く必要があると言った。[27]

　しかし、オーストラリアの莫大な鉱物資源に対するより大きな課税と規制の支援は、政治的左派に限ったことではない。2010年に提案された当初の資源超過利潤税の大幅な希薄化については、オーストラリアの最近の資源ブームから得られた巨額の利益を、国益として使用する大きな公共政策の機会の喪失とみなす人々の中に、民間部門のシニアリーダーの一部もいる。

25　'Ambitious Norwegian White Paper on Climate Efforts', Office of the Prime Minister, Press Release, Oslo, 26 April, 2012.

26　Quoted in Debi Marshall, *Lang Hancock*, Allen and Unwin, Sydney, 2001, p.139.

27　Reported on ABC Radio *AM* program, 5 September 2012.

その間、オーストラリアの著名なビジネスリーダーの何人かは、ノルウェー式のソブリンウェルスファンドを明確に支持している。たとえば、元コモンウェルス銀行の最高経営責任者であるラルフ・ノリスは次のように述べている。

「鉱業会社はオーストラリア人の自然の恵みである資源を回収しているので、オーストラリアは…ある程度の利益を得るために目を向けるべきである」。

オーストラリアは、北海油田のシェアからの20年以上の収入から構築されたノルウェー政府年金基金に目を向ける必要があると彼は述べた。[28] 国会に入る前は成功した実業家であり、2009年に自由党の党首としての地位を失ったマルコム・ターンブルは、労働党政府が提案した排出権取引制度に超党派の支援を提供する意欲があったことから、アボット政権では比較的進歩的な大臣だった。

彼は、オーストラリアの長期貯蓄を改善するための新しいソブリンウェルスファンドの設立を支援したもう一人の人物である。ターンブルは、オーストラリアが私たちの歴史の中ですべての資源と一次産品ブームの成果を浪費してきたこと、そしてより成熟したアプローチを採用する時が来たと主張している。[29]

2006年、オーストラリア政府は未来基金を設立した。これは良さそうな名前に聞こえるが、前向きなのはそれだけであった。それは資源利潤からの収入を受け取るのではなく、一部の退職した公務員向けのいくつかの老齢年金給付の支払いに対する将来の負債を満たすためという非常に狭く型にはめたものである。ノルウェーの人口はオーストラリアの人口の5分の1に過ぎないが、このファンドの保有量はノルウェーのファンド保有量の10分の1に過ぎない。

未来基金がオーストラリアで先見の明のある経済的および社会的役割を果たすためには、ノルウェーで政府年金基金が長い間果たしてきたように、完全なソブリンウェルスファンドに根本的に拡大する必要がある。

ケン・ヘンリーは、財務長官であるという制約から解放されて以来、

28　*The Age*, Melbourne, 18 February 2011.
29　Reported in *The Age*, Melbourne, and *The Sydney Morning Herald*, 8 April 2011.

一連のメディアインタビューで、オーストラリアでの増税の必要性について明確な声明を発表した。

彼はオーストラリアの両方の主要政党は、増税なしでは新しいサービスと財政黒字を提供できないという事実に直面する必要があると述べた。彼らがこの現実に直面しなければ、政府は「恒久的なプロセス」として支出を削減し続ける必要があるだろうと彼は言う。代わりにオーストラリアは「税制を改善して、最小限の経済的損害でより多くの収入を生み出すことができるようにする」必要があると彼は言う。そしてその一環として、「鉱物資源を含む天然資源に、より高い税率を適用する方法を見つける必要がある」。[30]

ヘンリーは、国の歳入が 2001 年の GDP の 26％ から 2013 年には GDP のわずか 23％ にとどのように減少したかを指摘する。彼は次のように述べている。「今日の国の歳入が 10 年余り前の国内総生産の 3％ も低下するとは確かに予想していなかった」。彼は、当時「オーストラリアが非常に強力な資源ブームを経験したという事実」を考えると、収益がそれほど低くなる可能性があることを、まったく「信じられないほど」と説明している。

同じ期間に、GDP に占める国の政府支出は 25％ から 24％ に減少した。ヘンリー博士は、「歳入が GDP の 3％ 減少し、支出がわずか 1％ 減少したため」、国家予算が黒字から赤字に変わったと述べている。[31]

これが意味することは、政府は政府支出の削減に焦点を合わせるのをやめ、政府歳入を増やすための公正な方法に焦点を合わせ始めるべきであることは明らかだ。

ケン・ヘンリーはまた、次のように述べている。「新しい収入源なしで新しい支出に資金を提供する能力があるかと質問されるなら、私の答えはノーだ」。彼は、ハワード政権とラッド政権の両方が、予算をかなりの圧力にさらしたことでなされた一連の個人所得税減税を批判している。[32]

---

30 *The Age*, Melbourne, and *The Sydney Morning Herald*, 6 August 2013.

31 *The Age*, Melbourne, and *The Sydney Morning Herald*, 1 May 2014.

32 Transcript of interview on ABC television program *7.30*, 12 March 2014.

第 5 章

　オーストラリア人が現在よりも多くのサービス、給付、プログラム
を受けるとするなら、必要な収入を増やさなければならない。普遍的
にサービスする仕方は、かなりの費用がかかる。2013 年の国税、州税、
準州政府税を国際的に比較可能な方法で組み合わせると、オーストラリ
アの税は GDP の 33％になり、これは OECD 加盟 31 カ国の中で 4 番目
に低い税である。北欧の 4 つの主要国のそれぞれで同じ年に、税金は
GDP の 50％以上である。[33] しかし、これらの国々の政策によって生み出
された高い労働力参加は、必要な税収を生み出すのに役立つ。

　スウェーデンの女性（79 ページを参照）やデンマークの「初老」労
働者（127 ～ 128 ページを参照）など、前述の北欧諸国の高い雇用率に
加えて、ヘンリーレポートは北欧のすべての国で有給労働に比較的高い
割合で参入しているもう一つのグループに光を当てている。労働年齢の
障がい者のうち有給雇用に就いている割合は、北欧の 4 つの主要国のそ
れぞれで OECD 平均の 43％を上回っているが、オーストラリアではそ
の平均をはるかに下回っている。[34]

　政府が得た多額の収入によって賄われる北欧諸国の市民が受け取る恩
恵、サービス、プログラムの質の高さは、税金を支払う際には、継続的
かつ全面的な支持を導くのである。

　福祉提供における普遍主義とは、中流階級はサービスが供給されるこ
とに関心があるため、それらのサービスを支援するために必要な税金を
支払う用意があることを意味する。対照的に米国のように給付が最も脆
弱な人々だけに限定されている場合、残りの人々は、見返りとして何も
受け取らないものにお金を払っていると感じ、税金支払いに賛成する可
能性がさらに低くなる。

　アメリカで適用される選択的で最小限の福祉の取り決めは、福祉の受
給者のいくつかのカテゴリーに対してスパイラルな敵意をもたらす。

　1980 年代以降、英語圏の国々で優勢であった純粋な市場自由主義経

33　OECD, *OECD Economic Outlook 2013*, Statistical Annex, Table 26.

34　Australian Government, *Australia's Future Tax System: Report to the Treasurer December 2009, Part Two, Detailed Analysis, Volume 2 of 2*, Commonwealth of Australia, Canberra, 2010, pp. 515-516.

済イデオロギーは、国民国家が従うべき唯一の選択肢であるかのように、まったく誤って提示されることがよくある。ノルウェーのオスロ大学に本拠を置く平等・社会組織・パフォーマンスセンター（ESOP）は、北欧の経験からの詳細な証拠を持って、このプロパガンダに対抗する一つのセンターである。平等・社会組織・パフォーマンスセンターはまた、その証拠が一般的な経済的思考に与える影響についても調査する。

センターの研究は、北欧諸国がたとえば労働組合の中心的役割を維持しながら、どのようにして独特の経済、雇用、革新の成功を達成し続けてきたかを説明しようとしている。この章で概説したノルウェーの石油産業の台頭に関連する介入主義的な産業政策にもかかわらず、平等・社会組織・パフォーマンスセンターは開放的で生産性が高い貿易経済としての北欧諸国の優れた信用を強調している。平等・社会組織・パフォーマンスセンターはまた、高い税率と膨張する福祉の国が経済的繁栄を制約するのではなく、高められる理由を考慮している。[35] オーストラリアは、独自の未来の経済を形作ることを目指しているので、この一連の調査から多くのことを学ぶことができる。

オーストラリアの歳入が非常に低い理由の一つは、不動産投資家に与えられた多額の税制優遇措置である。もう一つの理由は、高所得者の老齢拠出年金に対する過度に有利で非常に不公平な税制上の扱いである。これらおよびその他の特に逆進税政策は変更する必要がある。より一般的には、歳入の現実とその影響についてのオーストラリアの政治指導者の衝撃的な計算能力およびあるいは正直さの欠如は追及されるべきである。それは現在そして将来にわたって国を傷つけている。

オーストラリアの既存の貧弱な福祉の供給、それ以上に望ましい供給というのは現在の財務官や他の政治指導者が、いくつかの非常に単純な足し算を合計する方法を理解できない、または合計する必要性を公に認めない限り、「持続不可能」なだけである。より経済的、社会的、環境的に成功するには、オーストラリアが今必要としている支出に見合うように、オーストラリアの課税は今や引き上げられる必要がある。

---

35   The publications and other output and activities of this Centre can be viewed at the following link: http://www.esop.uio.no/about/.

新しい税金を特定の望ましい給付、サービスまたはプログラムにリンクすることは、それらの税金のサポートを増やすのに役立つ一つの方法である。メディケアの徴収金はそれを支払うことが、手頃な価格で医者にみてもらえることに明確に関連しているため、常に非常に人気のある「税金」だった。したがって、超党派の支持を得て、この徴収金を課税所得の1.5%から2%に引き上げて、新しい「障がい者ケア」サービスの導入に資金を提供するという歓迎すべき決定は、それゆえ他の資金を必要とするオーストラリアの新しいサービス、給付およびプログラムにとって考えに値するアプローチである。

オーストラリアの政治の現実において、増税を求めることが選挙では難しいことに向けた鋭い記事の中で、ショーン・ウィルソンは、それにもかかわらず、ホイットラム政権の時代からオーストラリア労働党がとろうと努力してきた「低税率の社会民主主義」アプローチは、「再分配の可能性が限られており」、「財政的および政治的限界に達している」ことを明確に示している。

彼はまた、オーストラリアで「福祉に資金を提供しようとする政府が利用できる機会を明らかにするために」「世論の調査」について報告している。彼は、2011年のオーストラリア国立大学の世論調査データから、減税または社会福祉への支出のどちらかを選択するように求められた場合、有権者の60%が支出を好むのに対し、37%は減税を好むことを発見した。これはオーストラリアの社会インフラが衰退し、将来の世代に損害を与えることへの懸念を反映している。

より詳細に検討すると、このデータは、「教育はより多くの支出に対して最も高い選好を引き付ける」ことを示しており、80%以上のサポートがある。「育児」と「低所得の家族」へのより多くの支出も多数派の支持を集めている。これらの政策分野でのより多くの支出を支持している割合は「52%から60%の範囲」である。データはまた、「超過利潤に課税する投票者の傾向」の一環として、「炭素汚染者、鉱業会社、銀行の3種類すべての大企業への課税拡大に対する強力な支持（60%）」を示している。

ウィルソンはさらに、オーストラリアには「高所得者に対する増税政

策」という選挙の可能性がかなりあることを示唆している。[36]

　オーストラリアにはまだ平等主義的な感情がある。これらの感情を政策変更に導くには、より効果的な政治的リーダーシップと判断が必要である。そのリーダーシップの一部には、十分に使われた収入の増加がもたらすことができる大きな経済的、社会的、環境的利益についてのより良い知識を広めることが含まれる。

　2010年から2012年にかけてのオーストラリアの資源税政策をめぐる争いは、一方では民間企業が天然資源を探査して採掘するインセンティブを与えながら、そして他方ではそれらの天然資源を所有する国に公正な利益を得ることが困難なことを示した。

　難しいことではあるがこの問題と、そしてオーストラリアでそれが政治的注目を集めた「根底にある歳入の切迫した要請」は消えてはいない。

　違うアプローチを採用したノルウェーの成功は、なぜ、どのようにオーストラリアが資源税の仕組みの強化に努力していくべきかを特に解き明かすのである。

36　Shaun Wilson, 'The Limits of Low-Tax Social Democracy? Welfare, Tax and Fiscal Dilemmas for Labor in Government', *Australian Journal of Political Science*, Vol. 48, No.3, 2013, pp.291, 300, 293, 295, 296, 302.

結　論

　今はオーストラリアの将来を決定するため重要な時期であり、過去に一部のオーストラリア人、および他の英語圏の国の人々が示した、スウェーデンや他の北欧諸国の政策の実績に対する関心を再活性化する必要がある。より実質的な政策の変更の実現のために、この関心はまた政策の新しい領域に届き、より多くの聴衆にと手を差し伸べる必要がある。

　北欧の４つの主要国で追求されている政策は、オーストラリアや他の英語圏の国々で達成されているよりも、子供の貧困のレベルを大幅に下げ、子供が若いときの親へのサポートとサービスの向上、仕事と生活のバランスの改善、学校の成績の向上、働き盛りの年齢の労働者のスキルと雇用機会の向上、環境対策を含む必要な政府支出のためのより健全な財政収入基盤を実現している。

　したがってオーストラリアの政策立案者が、北欧諸国が非常に多くの重要な政策分野において異なる方法で、より成功して物事を行っているという説得力のある証拠を無視し続けることは受け入れられない。北欧諸国は現実の場所である。彼らはオーストラリアと並ぶ先進国のOECD グループに属している。彼らはどこかに行って消えたわけではない。政策立案者は高い税率で、労働者の権利がよりよく保護されている場所について話すことを妨げる不合理な恐れを克服する必要がある。

　さらに、オーストラリアや他の英語圏の国々が、北欧諸国が行ってきたことを行うのは、何十年かかった以前のステップの結果、2 つの国家のグループは永遠に分岐しているから遅すぎるという考えにとらわれて、思考を麻痺させることはない。

　すなわち、17 ページで議論された経路依存性の概念によって麻痺させられてはいけない。

　オンブズマン、児童委員、子供への身体的暴力の禁止および有給の育児休暇は北欧諸国が始めたイニシアチブであり、世界の他の多くの地域

167

ですでに採用されている。さらに北欧特有の政策イニシアチブが吸収され続ける可能性がある。一方、ここ数十年にわたるフィンランドのイノベーションは、個別の国民国家が依然として政策の方向性に大きな変化をもたらす一般的な能力を持つことをはっきりさせた。

　私たちが今、より流動的な「グローバル化」の時代に生きている限り、米国、英国、ニュージーランド、カナダを超えた幅広い国際的経験に、前の世代よりも多くの関心を払うことが適切である。オーストラリアや他の英語圏の国の市民は、国際的に参考とする場所を今後広げることによってのみ、将来を形作るのに利用できる他の政治的および政策的選択肢についての十分な知識を得ることができる。

　オーストラリアでは有権者と政治的勢力は、北欧の特徴である社会民主主義政策に間違いなく反対し続けるだろう。しかし、オーストラリアの経済的不平等のレベルが高く、さらに強まることを懸念している力強い多くの有権者もいる。これらの支持者のメンバーは、新自由主義的政策の押し付けが意味する平等主義への後退に警戒している。彼らは現在、政策の選択肢を模索している。新自由主義に対する実証済みの政策選択肢に有権者たちの注意を引く際に、有権者たちはより本物の好奇心と努力、そしてより大きな知的自信を示す政策主体によって効果的に動かされるだろう。

　異なる政策を採用する場合は、単に理論的にそれらの政策のメリットを議論するのではなく、それらの政策が世界のいくつかの地域ですでに実際にどのように機能しているかを示すことによって強化される。

　『スピリット・レベル』は人々の幸福を決定する要素についての調査をまとめた本であるが、『スピリット・レベル』を書いた健康についての研究者は、労働生活をより公平にし、従業員がより仕事の仕方に大きな影響力を持ち、より充実したものにするために、もう一度産業民主主義を目指すことの重要性を強調しているのは意義がある。[1] その目標は、第1章で議論したオーストラリアの政治活動家、労働組合員、知識人の初期の世代の間で生じた北欧への関心の主な理由の一つであった。

1　Wilkinson and Pickett, *The Spirit Level*, pp.75-76, 256.

結　論

　スピリット・レベルの著者たちは、疫学、小児科、教育、経済学など
さまざまな分野の専門家であり、その調査や証拠のまとめ、提案は北欧
諸国が発展させ、最も十分に実施してきたこの種の社会民主主義政策の
採用に、強力な新しいサポートを提供している。これらの専門家の考え
は、冷たい現実と現代政治の浅薄さによって遠ざけられた中道左派の
人々の間で非常に一般的になっている絶望と士気喪失への解毒剤を提供
する。

　これらの政策専門家が現在、社会民主主義的アプローチに提供してい
る支援は、「テクノクラート」として特徴づけられる人たちや、「テクノ
クラシー」または専門家のルールとして特徴づけられることに対して、
過去には向けられていた敵意を修正する必要性を示している。金権政治、
または富裕層による自らの利益による政府は、現在、いわゆるテクノク
ラシーよりも民主主義と社会民主主義に対するはるかに大きな脅威と
なっている。

　しかし非常に重要なことに、北欧には多くの人々が知識を獲得し、ス
キルを発展させていく社会民主主義国の伝統があった。それは協同組合、
コミュニティのディスカッショングループ、職場の労働組合の第一線の
メンバーとしての活動を通じて、そして彼ら自身が労働運動によって影
響を強く受けている教育システムの一部としてなされる。これはそれら
の国で民主的な草の根の参加の政治文化を醸成した。北欧諸国でその文
化の一部としてあるのは、継続している非常に強く活発な労働組合員で
ある。

　北欧諸国の参加型政治文化は、アングロ・オーストラリアの労働党と
比較するとはるかに高い彼らの社会民主党と労働党のメンバーシップ
――そしてそのはるかに有意義な活動――にも反映されている。たとえ
ば、オーストラリア労働党は比較的内向きの派閥化された政党であり、
機械的組織プロセスが支配的である。政策のアイデアを追求し、議論す
るのに場所を持つことも、それを尊重することも、そうする理由もあま
りない。

　政治参加をより強くする文化を育むことは、より平等主義的なオース
トラリアに向けて経済社会政策の変更を達成するために必要であろう。

169

同時に、関係する分野の専門家からの証拠をさらに集めて光を当てていくことも、その政策変更を達成するために不可欠である。

　北欧の４つの主要国は、雇用及び他の重要な生活の機会を概して非常に平等に提供することに、移民をより完全かつ成功裏に「統合」するという独自の継続的な課題に直面している。

　今、オーストラリアが学ぶことができる北欧の４つの主要国が追求してきた社会民主主義政策のいくつかの重要な例と詳細について、第２章、第３章、第４章および第５章で概説している。いくつかのこれらの政策について暫定的だが重要なステップがオーストラリアですでに行われており、その始まりに基づきさらに大きなステップが刻まれるようになった。この本を締めくくる前に、次の４つの段落でこれら４つの章のそれぞれの要点を、簡単に要約する。

　スウェーデンは、敬意と尊厳をもって子供たちに接することで世界をリードしてきた国であり、その結果、子供たちが享受する平等と幸福で世界をリードしている。スウェーデンの社会は親たちに支援、保障、労働時間の規制と幅広い有給の育児休暇の提供による職業生活の中でのバランスを提供している。

　これらによりスウェーデンは親たちが長期的に労働参加を高めている。スウェーデンはまた、子供に害を及ぼす可能性のあるものを防止し、定期的にチェックするためにあらゆるレベルで行動している。乳児期の最初の年から、包括的で手頃な価格の高品質の幼児教育・保育を提供する。それは、幼児期の教育者と子供の世話をする人に対して高い、明確な価値を置く。ジェンダーの平等にはっきりと焦点を当てている。これらのアプローチが合わさって、栄養ニーズが完全に満たされてより健康な新生児となり、幼少期を生き残って繁栄し、その後、学習の強い基盤を獲得する。オーストラリアはこれらのスウェーデンの幼児教育・保育政策のいくつかを採用している。特に恵まれない地域での新しい場所を基盤とするアプローチを採用することにより、スウェーデンで追求されているような健康、育児、雇用プログラムという多面性を特徴とする政策をさらに多く採用できるようになった。

　フィンランドは1990年代以来、教育の質と公平性において世界にお

けるリーダーシップを発揮してきた。この理由の一つは、それ以前に
フィンランドが真に包括的な公立学校システムを構築したことである。
二つ目の理由は、フィンランドが教育の専門職を高く評価していること
である。フィンランドは、職業に就くための要件だけでなく、学校にお
ける日常の職業生活においても教師にどれほど高く敬意をもっているか
を示している。それは、信頼された教師が良く設計され、十分に資金を
与えられた学校での経験を可能にし、職業能力開発の継続的な機会を
伴っている。

　フィンランドの教育の成功の第三の理由は、フィンランドが学生の学
習を促進し、個々の学生の福祉と学習のニーズを満足させるために行動
することである。

　これは、より一般的な学問的な高等中等教育ではなく、職業教育を追
求する人々を勇気づけることに及んでいく。それはそれらの学生が正当
な選択をすることによって、不利にならないよう保証することにまで及
ぶ。オーストラリアは、ゴンスキー報告書の勧告を部分的に実施するこ
とにより、非常に社会経済的に分離されている私立学校と公立学校が混
じった状態から距離を置いて、フィンランドのアプローチに向かってい
くつかの措置を講じた。オーストラリアは、ゴンスキーの予算に関する
勧告を今や完全に実施することによって、職業教育を高校の独立で、平
等で、統合的な部分として再編成することによって、学校で行われる職
業アドバイスを改善することによって、さらなるステップを進むことが
できる。

　オーストラリアはまた、大げさで競争的なテストや学校間の不健康な
競争や、そして学校のカリキュラムにおける不安定で党派的な政治的干
渉から離れて、フィンランドの成功に近づくことができる。

　デンマークはオーストラリアと同様に、柔軟な労働力を持っている。
ただしオーストラリアとは異なり、デンマークは十分な失業手当を支払
い、積極的労働市場プログラムに多額の投資を行っている。これらはと
もに、解雇された労働者や他の失業者にとって、彼らが新しいスキルを
習得し、新しい仕事に移行するため再訓練するのに必要な保障の基礎を
与えるものだ。

労働者は、──特に有給雇用であった者が早期解雇されるという厄災に直面している働き盛りの労働者──より十分な失業手当の給付と包括的な積極的労働市場プログラムの恩恵をオーストラリアで受けられるだろう。

　オーストラリアは探索的原価計算を通じて、失業所得保険制度の検討を開始した。今やオーストラリアの労働組合と政府はこの作業を再検討し、完了できる。これを行うことで、今のところ失業している人々や、現在職を失うことに直面しているさらに非常に多くの労働者のニーズをより満たすことができる。それらの人たちはオーストラリアの将来の労働力の一部であり続けられる。

　オーストラリアはまた、雇用サービスをより前向きにするために改善する必要がある。このことは一つには、彼らの以前の学習と経験から失業者が得ているスキルをより良く認識することが必要である。その他には失業者のスキルを、新しいインフラ事業などで発生する新しい仕事の機会に確実にマッチさせるために、より多く指導することが必要である。このような措置を講じることにより、オーストラリアはデンマーク人が一貫して達成している低失業を目指して、将来の失業を減らせる。

　オーストラリアの地域的不平等の程度を縮小するため、とりわけデンマークの例を利用して、経済変化の影響を大きく受けている場所で新しい雇用集約型プロジェクトを作る努力もなされるべきである。

　ノルウェーの税制および規制政策は、オーストラリアが探し求められる貴重な天然資源を持っているという幸運から生じる産物を、国が使用および管理するためのより良い方法を示している。ノルウェーでは国は、国に属する資源のかなりの部分を受け取り、同時に民間企業はその採掘から合理的な利益を上げることができる。ノルウェーでは、新たな産業、仕事、インフラを構築するため、資源採掘に関して協調した努力がなされており、これらは現在繁栄している。ノルウェーが天然資源の富への課税から受け取った収入は、社会的および環境的に有益な政策への支出を支援するために使用される。

　その収入はまた、国全体の長期的な富を保証する方法で管理されている。オーストラリアでは、ノルウェーの資源課税へのアプローチの成功

した先例がすでに認識されている。すなわち、ヘンリーレポートである。そのレポートはよみがえり、より本格的に実行するに値する。

　オーストラリアで事業を行っている民間の資源採掘会社に対する緩やかな課税を、さらに減税するアボット政府の決定は取り消されるべきである。この決定はすでに資金が不足しているオーストラリアの公共部門にさらなる負担をかけ、すでに不十分な政府支出のレベルをさらに引き下げる。

　とりわけ一部の主要な雇用主がオーストラリアに示したノルウェーに現在あるような本格的なソブリンウェルスファンドの設立に対する支援は、オーストラリアが将来のためにより効果的に投資できるように、今やしっかりとした提案にまとめられるべきだ。

　　＊＊＊＊＊

　この本で論じたように、スウェーデン、フィンランド、デンマーク、ノルウェーが追求する政策は、オーストラリアのより大きな繁栄、平等、持続可能性を望むすべての人々によって、生きている可能性として積極的に受け止められるべきである。これらの国はともに、オーストラリアや他の英語圏の国が、今学ぶことができる前向きな政策の例を提供している。

　この本の表紙に描かれているオーロラは、文字通り太陽からの粒子が地球の磁場と接触したときに電荷が北極に向けられ、酸素と窒素の原子の衝突につながる結果である。

　これにより、北極に近い国であるためスウェーデン、フィンランド、デンマーク、ノルウェーの最北部から、暗い夜空に印象的な多彩な魔法のようなディスプレイが生成される。

　世界のもう一方の端、南極でも同じことが起こる。ただし、オーストラリアや他の人間の居住国は南極点から離れているため、これを目撃することは非常にまれである。

　スウェーデン、フィンランド、デンマーク、ノルウェーは、経済的繁栄、社会的平等、環境責任の政策をどのように組み合わせられるかにつ

いて、遠いが前向きで確かに明るい、輝かしい例を提供しているため、「北の光」とたとえられる。北欧の4つの主要国の実績によって放たれた光は、オーストラリア人や他の国の人々を鼓舞する。また、オーストラリア人らが、これらの政策の間のバランスをこれまで見出してきたよりも、より良く取って進んで行こうとする際、彼らを案内するのにも役立つのである。

訳者あとがき

　本書は、オーストラリアのメルボルンにあるディーキン大学で政治学、政策論の教鞭を取ったアンドルー・スコットの代表作、*Northern Lights* の全訳である。

　スコットは雇用問題を出発点として内外の調査を行ううちに、北欧にも滞在し、オーストラリアと北欧の比較をしてきた。北欧の優れた政策を母国に取り入れるようにシンクタンクのオーストラリアインスティテュートなどで積極的に提言をしてきた。

　この本の大きな特徴は、北欧4カ国の代表的政策を扱ったところである。スウェーデンの子供の福利厚生の増進、フィンランドの学校教育の成功、デンマークの包括的な職業訓練への投資、ノルウェーの石油の富の国のファンドとしての利用である。北欧とひとまとめに良く言うが、4つの違う国における違う分野の政策をそれぞれ相当深く追究した労作である。

　スコットはこの本で4カ国についてそれぞれ詳しく政策の内容と政策決定の経緯を、関係者へのインタビューを含め記している。それは北欧各国の事情だけにとどまらない。オーストラリア側が、北欧の政策を導入しようとしたときの内実と問題を事細かに指摘している。オーストラリアと北欧諸国との間の交流についても読み応えがある。

　私がこの本に着目したのは、スコットが北欧とオーストラリアのそうした政策形成の経緯を詳細に述べている点である。

　日本においても、北欧は幸福な国、豊かな国、平等な国などのいろいろな角度で世界のランキングの最上位にあると注目を集めている。北欧の政策の中身や、人々の暮らし方、教育の方法などは詳しく紹介されてきた。

　北欧発の政策について日本が取り入れてきたものも少なくはない。日本が江戸時代にさかのぼって北欧から学んだことは高崎経済大学の吉武信彦教授の著書『日本人は北欧から何を学んだか』に良く整理されている。吉武教授は日本からの北欧の見方は時期により移り変わってきたこ

とを論証し、そして「日本が北欧から学ぶべきことがあるとすれば、さまざまな分野で問題に直面した北欧諸国の国民が自ら考え、厳しい政策論争の末に試行錯誤を重ねながら政策を立案、決定、執行してきた政治への真摯な取り組みではないだろうか」と記されている。誠に正鵠を射た指摘である。

スコットの北欧の政策形成の経緯の記述はその指摘に沿うものである。また、北欧の先進的政策をオーストラリアが導入を試みた際の政策プロセスも詳しい。それも日本にとっては参考になることであろう。

北欧の政策の中にはなかなか日本に導入がされないものもある。ともすれば北欧という違う人種、政治、文化の国のことで、日本には馴染まないと即断されることもある。政策作りの過程に果敢に踏み込んだスコットの著作は、日本のそうした状況に光を当てるものと評価できる。私がこの本の翻訳に挑んだ動機はここにある。

原著を手に取ったのは、2017年頃と記憶する。訳者が奉職する大学でフィンランドの教育事情についてゼミの学生と考えていたとき、参考としたのが初めである。以来、日本で紹介したいと思い翻訳をはじめたのだが、コロナ禍で中断を余儀なくされたというのは言い訳で、私の筆の遅さで徒に時間がかかってしまった。

なお、本書は北欧とオーストラリアの政策の対比を主眼としているため、オーストラリアの政権に関する記述が多い。日本の読者はオーストラリアの政治にはあまり馴染みがないと思われるので、オーストラリア連邦政府の政権の年表を載せた。本書を読まれる一助になれば幸いである。

翻訳の機会を頂いたスコット教授、さまざまなご支援を頂いた青山学院大学の飯笹佐代子教授、岩手県立大学の皆様、風詠社の大杉剛社長及び関係各位に心より御礼を申し上げたい。また、いつも私を支えてくれた家族、とりわけ遠い空から見てくれている妻の文子に深く感謝する。

2024年11月

木場 隆夫

著者紹介

アンドルー・スコット　Andrew SCOTT

オーストラリアのメルボルンに所在するディーキン大学名誉教授。専門は政治学。
北欧諸国の特徴ある政策を観察し、オーストラリアと詳細に比較する。労働問題
をはじめ社会政策全般についての実証的な分析には説得力がある。シンクタンク
のオーストラリア・インスティテュートの北欧政策センターの共同創設者でもある。
英語圏の国々では、主に政治的状況から北欧の優れた政策の取り入れが遅れている
として、オーストラリア連邦政府及びビクトリア州の政府に対して提言を積極的に
行ってきた。1963 年生まれ。本書はスコットの代表的著作 *Northern lights* の全訳で
ある。

訳者
木場隆夫（きば たかお）
1960 年生まれ、東京大学で学士。科学技術庁入庁。筑波大学大学院で修士、東京
工業大学大学院にて博士（学術）。総合研究開発機構、筑波大学勤務を経て、岩手
県立大学総合政策学部教授。専門は科学技術政策、比較政策。

北欧の選択

―スウェーデン、フィンランド、デンマーク、ノルウェーとオーストラリアの政策分析―

2025 年 4 月 18 日　第 1 刷発行

著　者　　アンドルー・スコット
訳　者　　木場隆夫

発行人　　大杉　剛
発行所　　株式会社 風詠社
　　　　　〒 553-0001　大阪市福島区海老江 5-2-2 大拓ビル 5 - 7 階
　　　　　TEL 06（6136）8657　https://fueisha.com/
発売元　　株式会社 星雲社（共同出版社・流通責任出版社）
　　　　　〒 112-0005　東京都文京区水道 1-3-30
　　　　　TEL 03（3868）3275
装　幀　　2 DAY
印刷・製本　シナノ印刷株式会社

©Andrew Scott, Takao Kiba 2025, Printed in Japan.
ISBN978-4-434-35599-8 C0036
乱丁・落丁本は風詠社宛にお送りください。お取り替えいたします。